Die schwarze Messe
Kulturgeschichtlich-okkultistische
Untersuchung

Ernst Hentges

und

Von Dämonen, Sukkuben, Inkuben
und Vampyren

Eine Studie von
Ing. W. Geßmann

Mein Dank geht an Peter Windsheimer für das Design des
Titelbildes. Des Weiteren an Ariane und Michael Sauter.

Für Schäden, die durch falsches Herangehen an die Übungen an
Körper, Seele und Geist entstehen könnten, übernehmen Verlag und
Autor keine Haftung.

Copyright © 2013 by Christof Uiberreiter Verlag
Castrop Rauxel • Germany

Herstellung und Verlag:
BoD – Books on Demand, Norderstedt
ISBN 978-3-7357-7922-9

Die schwarze Messe:

Die katholische Messe ist die Wiederholung des Sühneopfers vom Kalvarienberg. In Gestalt von Brot und Wein steigt Christus auf den Altar herab, um sich Gottvater als Sühne für die ganze Menschheit darzubieten. Unter dem Einfluss dieser Vorstellungen hat sich eine Zeremonie ausgebildet, die dem Zweck nach dem Messopfer völlig entgegengesetzt ist und der Form nach eine groteske Parodie des katholischen Opferrituals bildet. Wie man gemäß der treibenden Absicht und je nach den vermeintlich in Aktion gesetzten Kräften zwischen weißer und schwarzer Magie unterscheidet, so bezeichnet man jene eigenartige Zeremonie im Gegensatz zum katholischen Messopfer als schwarze Messe.

Voltaire hat die Magie definiert als die Kunst, das zu erreichen, was die Natur nicht vollbringen kann. Da Gott der Erschaffer, Erhalter und Ordner der Welt ist, so glaubte der magisch denkende Mensch, seine besonderen Zwecke zu erreichen durch Vermittlung des Antipoden Gottes, durch Inanspruchnahme Satans.

Über die Gegensätzlichkeit zwischen Satan und Gott und insbesonders über deren beiderseitigen Machtverhältnisse haben die dialektischen Phantastereien der Theologen sehr subtile und weitschweifige Unterscheidungen angestellt. Wenn Schiller sagt, Gott schuf den Menschen, doch die Menschen schufen die Götter, so ist die Erschaffung Satans das unbestreitbare Verdienst jener besonderen Menschenspezies, die man Theologen nennt.

Der Satanismus, der in der sogenannten schwarzen Messe seinen krassesten Ausdruck findet, entspricht, wie überhaupt jegliche magische Praktik, einem ungeregelten, übersteigerten Willen zur Macht. In diesem Sinne mag Voltaires Definition der Magie nicht ganz unzutreffend sein. Durch sein besonderes Tun bezweckt der magische denkende Mensch vornehmlich eine Überwindung der durch die Körperlichkeit gegebenen mannigfachen Beschränkungen.

Allgemein wird die schwarze Messe in Zusammenhang gebracht mit dem Satanismus. Dies trifft jedoch nur in sehr bedingter Weise zu, und diese Annahme rechtfertigt sich nur durch die äußere Ausgestaltung der Zeremonien. Die Uranfänge der schwarzen Messe liegen geschichtlich viel weiter zurück als der Satanismus. Ihrem innersten Wesen nach ist auch die schwarze Messe völlig verschieden von dem mittelalterlichen Teufelskult. Auch das erotische Element in der schwarzen Messe wurde vielfach falsch gedeutet.

Wir werden im Nachstehenden nachzuweisen versuchen, dass die sogenannte schwarze Messe nur ein verkümmertes und entstelltes Rudiment der kulturellen Magie ist. Diese rituellen Zeremonien nahmen ihren Ausgang in den Religionsformen des alten Orients, lebten weiter in den Mysterienkulten des Altertums, in Traditionen geheimer Gesellschaften, und wurden unter dem Einfluss des Katholizismus und des alles überwuchernden Teufelsglaubens im Mittelalter zu jenem grotesken und obszönen Zerrbild entstellt, als welches wir die schwarze Messe kennen.

Was ist denn eigentlich diese sogenannte schwarze Messe? Auf diese Frage können wir kurz und bündig antworten, dass sie eine obszöne Parodie des katholischen Messopfers ist.

Bei dieser Posse dient der Körper eines nackten Weibes als Altar. Der zelebrierende Priester trug das Messgewand auf dem nackten Körper. Die Messdiener und die Anwesenden waren ebenfalls unbekleidet. Da diese Messe zu Ehren Satans gefeiert wurde, war das katholische Ritual entsprechend abgeändert worden. Wo der Priester beim Messopfer niederkniet und den Altar küsst, küsst hier der Ministrant die Geschlechtsteile des auf dem Altar liegenden Weibes. Bei dieser Zeremonie spielten zudem Sperma und Menstrualblut (Vaginalsekret), oder auch Tierblut, eine Rolle. Häufig soll auch das Blut junger Kinder benutzt worden sein, die zu diesem Zwecke gemordet wurden. Wegen des obszönen Charakters ist es nicht möglich, an dieser Stelle auf weitere Einzelheiten näher einzugehen, die übrigens von Fall zu Fall verschieden waren, je nach der Phantasie und der Perversität der Teilnehmer. Die Feier endete gewöhnlich mit einer allgemeinen geschlechtlichen Orgie.

Wenn man sich eine derartige Zeremonie in allen Einzelheiten im Geiste vergegenwärtigt, so fragt man sich, ob solche Fälle in Wirklichkeit tatsächlich vorgekommen sind? Gewiss, solche Fälle gibt es. Sie sind dokumentarisch bezeugt, und die Teilnehmer an diesen Teufelsmessen waren nicht irgendwelche obskure Menschen, sondern Persönlichkeiten, die in der Geschichte weiterleben.

An erster Stelle ist hier der Prozess des Gilles de Laval, Baron von Retz (oder Raiz), zu erwähnen, welcher am 25. Oktober 1440 zum Feuertode verurteilt worden ist. Gilles de Laval war ein ungemein reicher Edelmann aus dem Geschlecht derer von Montmorency. Bei seiner phantastischen

Prunksucht waren seine Geldmittel in ein paar Jahren aufgebraucht und seine Güter verpfändet. Um seine finanzielle Lage zu sanieren, ergab er sich der Alchemie. Die alchemistischen Versuche, die er gemeinsam mit einem Florentiner Abenteurer, namens Prelati, anstellte, verschlangen den Rest seines Vermögens. Nun glaubte er durch einen Pakt mit dem Teufel in den Besitz des benötigten Goldes gelangen zu können. In seinem Auftrage zelebrierte ein abtrünniger Priester aus der Diözese von Saint-Malo Teufelsmessen. Hierzu wurde Blut unschuldiger Kinder benötigt. Gilles de Laval schreckte hiervor nicht zurück und ließ durch Helfershelfer Kinder aus den umliegenden Dörfern rauben. Mit der Zeit wurde der Nigromant immer dreister. Er raubte nicht nur die Kinder der Bauern, sondern drang selbst in die umliegenden Städte ein. Die Erregung der Bevölkerung über dieses geheimnisvolle Verschwinden der Kinder wurde immer größer, die Beschuldigungen immer lauter und präziser. Zu Anfang des Jahres 1440 wurde Gilles de Laval auf Befehl des Herzogs der Bretagne, Jean V., auf seinem Schlosse zu Tiffauges festgenommen. Die Nachforschungen, die daraufhin auf den Schlössern von Champtoce, Machecoul und Tiffauges angestellt wurden, förderten die Kadaver von über 200 Kindern zu Tage, die größtenteils grässlich verstümmelt waren. Gelegentlich der Verhandlungen vor einem gemischten Tribunal, dem der Senechal von Rennes, Pierre de l'Hopital, präsidierte, wurde Gilles des Laval nicht nur mehr als 200 Mordtaten überführt, sondern auch noch der Päderastie und der Sodomie – welche alles Ausgeburten dämonischen Wahnsinns sind.

Ein anderer Fall einer historischen Teufelsmesse erwähnt der französische Rechtsgelehrte und Dämonograf Jean Bodin in seinem 1596 zu Paris erschienenen Buche „De la Demonomanie des Sorciers". Dieser Fall ist besonders markant wegen der Persönlichkeiten, auf deren Veranlassung hin und in deren Anwesenheit die Teufelsmesse zelebriert wurde. Eliphas Levi sucht allerdings diesen Gewährsmann zu verdächtigen, denn in seinem „Dogma und Ritual der Hohen Magie" (II, 183) schreibt er: „Der Kabbalist Bodin, Israelit aus Überzeugung und Katholik um der Notwendigkeit willen, hatte in seiner „Demononmanie des Sorciers" keine andere Absicht, als den Katholizismus in diesen Werken anzugreifen und ihn im größten aller Irrtümer seiner Lehre zu treffen. Das Bodinsche Werk ist zu tiefst machiavellistisch und trifft Einrichtungen und Menschen, die es im Innersten zu verteidigen scheint".

Jean Bodin wurde im Jahre 1530 in einer Vorstadt zu Angers geboren. Über seine Familie weiß man nichts Bestimmtes. Es wird häufig behauptet, seine

Mutter sei eine spanische Jüdin gewesen, doch ist dies nicht erwiesen. Er studierte in Toulouse Rechtswissenschaft und späterhin war er eine Zeit lang als Professor an dieser Universität tätig. Wegen seiner toleranten Gesinnung hätte ihm die Bartholomäus-Nacht verhängnisvoll werden können und er musste einige Zeit aus Paris flüchten. Anfänglich Anhänger der Liga, schloss er sich späterhin der Partei Heinrichs IV. an. Er starb an der Pest im Jahre 1596. Inwieweit die von Eliphas Levi gebrauchte Bezeichnung Kabbalist auf Bodin zutrifft, ist aus dessen Schriften nicht ersichtlich, denn außer seinen dämonologischen Werken „Demonomanie des Sorciers" und „Fleau des Demons et Sorciers" hat er noch „Six Livres de la Republique", eine „Apologie pour la Republique" und „Theatre de la Nature Universelle" hinterlassen.

Demgegenüber weist Eugene Defrance auf ein zeitgenössisches Manuskript hin, das anonym in italienischer Sprache verfasst ist unter dem Titel „Della communicazione terrestre con i spettri e i demonii", das über die gleichen magischen Prozeduren berichtet. Defrance hält also Bodins Bericht für völlig glaubwürdig.

Diese Teufelsmesse fand statt auf Betreiben der Catherine de Medicis im Einverständnis ihres Sohnes Karl IX., König von Frankreich. König Karl IX. litt an einem rätselhaften Siechtum, das sich die Ärzte nicht zu erklären vermochten. Auf Anraten verschiedener Nigromanten, die Katharina von Medicis stets um sich hatte, entschloss man sich eine Teufelsmesse zu zelebrieren, um dem König auf magischem Wege Heilung zu verschaffen. Hierzu bedurfte man eines Judenknaben im Alter von 6-8 Jahren. Das Kind wurde in einem Vorort von Paris geraubt und nach dem Schlosse von Vincennes verbracht, wo es von einem Geistlichen auf die Zeremonie vorbereitet wurde. Diese fand statt in der Mitternacht des 28. Mai 1574. In einem der neun Schlosstürme von Vincennes, der seither im Volksmund den Namen „Tour du Diable" führt, war eine magische Kapelle hergerichtet worden. Gegen Mitternacht betrat Karl IX., die Königin-Mutter nebst zwei Getreuen diesen Raum, wo ein ehemaliger Jacobinermönch eine Messe zu Ehren der „Mater Tenebrarum" zelebrieren sollte. Der Altar war schwarz behangen und in der Mitte prangte das Siegel Salomonis. Auf dem Altar stand zwischen vier brennenden Kerzen ein Kelch aus schwarzem Metall, der mit geronnenem Blute gefüllt war. Obenauf lag eine weiße Hostie. Auf einer silbernen Patene lag eine zweite Hostie, jedoch von schwarzer Farbe. Daneben stand eine Phiole mit einer rubinroten Flüssigkeit. Nachdem der Priester mit einem Reis den Zauberkreis um den Altar gezogen hatte, entnahm er dem Messgewand einen magischen Dolch und stieß ihn auf den Altar zwischen Kelch und Patene. Alsdann schlug er ein Zauberbuch auf und rezitierte die Litanei der Mater Tenebrarum, die er mit dem Ausrufe: Airam! Airam! Airam! – magisches Anagramm für Maria – schloss. Plötzlich wurden die Lichter gelöscht und die Phiole mit der rubinroten Flüssigkeit auf dem Boden zertrümmert. Der ganze Raum erglühte in phosphoreszierendem Lichte, wie im Mondenschein. Der weißgekleidete Judenknabe wurde eingeführt, und unter allerhand Beschwörungen wurden die beiden Hostien konsekriert, wovon dem Kinde die weiße auf die Zunge gelegt wurde. Sofort nach der Kommunion ergriff der Priester das unglückliche Kind und trennte ihm mit dem Zauberdolch den Kopf vom Rumpfe. Der blutende Kopf wurde noch ganz zuckend auf die schwarze Hostie gelegt. Dann begann von neuem die Beschwörung. Der Teufel sollte ein Orakel verkünden und durch den Mund dieses Kopfes auf eine Frage Antwort geben, die der König im Geheimen stellte und niemandem anvertraute. Wie die Berichte erwähnen, soll aus dem Munde des unglücklichen Opfers mit fremder, schwacher Stimme „Vim patior" (ich bin dazu gezwungen) ertönt sein. Bei dieser Antwort, die dem König zweifellos die Kündigung des Höllenschutzes anzeigte, befiel ihn ein schreckliches Zittern. Er schrie mit entsetzter Stimme: „Nehmt diesen Kopf weg! Nehmt diesen Kopf weg!"

Karl IX. starb zwei Tage später unter schrecklichen Delirien. Diese Beschwörungsszene berichten u. a. folgende Autoren: Colin de Plancy in „Dictionnaire Infernal"; Eliphas Levi in „Dogma und Ritual der Hohen Magie", Dr. Jaf und Dr. Gaufeynon in „Les Messes Noires"; Alph. Gallais in „Le veritable tresor des sciences magiques".

Wie Pierre de l'Ancre in seinem bekannten Werk „Tableau de l'inconstance des mauvais anges et demons" (Paris 1612) zu berichten weiß, sollen derartige Beschwörungen bei den deutschen Juden im XVI. Jahrhundert üblich gewesen sein, nur benutzte man für diese Cephalomantie gewöhnlich einen Tierkopf. Meistens wurde zu diesem Behufe ein Esel enthauptet, dessen Kopf auf glühende Kohlen gelegt wurde.

Die schwarze Messe in ihrer klassischen Form, die wir eingangs geschildert haben, ist namentlich bekannt geworden durch den Prozess der soge- nannten „Voisin", d. h. der Ehefrau von Antoine Montvoisin, geborene Catherine Deshayes. In diesem skandalösen Monstreprozess, der vor einem Spezialgericht, der sogenannten „Chambre ardente" – dieser Name kommt daher, weil ehemals Gerichtskommissionen, welche für gewisse Ausnahmeprozesse, insbesondere Häresie und Zauberei, eingesetzt wurden, sich in einem Raume des Chatelet versammelten, der wie ein Totenzimmer mit schwarzem Tuche behangen und von Fackeln und Wachskerzen erleuchtet war – geführt wurde, waren insgesamt 442 Personen angeklagt, die meist der Versailler Hofgesellschaft angehörten, so u. a. Madame de Dreux, die Herzogin von Bouillon, die Marechale de la Ferte, die Prinzessin de Tingry. Außerdem waren die ersten Häuser des französischen Adels, wie die Familien de Soisson, de Polignac, de Luxembourg an dieser Affaire beteiligt. Namentlich wurde die Maitresse Ludwigs XIV., die Marquise de Montespan, durch diesen Prozess aufs schwerste kompromittiert. Der Stein kam ins Rollen durch einen anonymen Brief, den man am 21. September 1677 in einem Beichtstuhl der Jesuitenkirche in der Rue Saint Antoine in Paris vorfand, wodurch ein Mordanschlag auf den König und den Dauphin aufgedeckt wurde, die man zu vergiften suchte. Polizeileutnant La Reynie führte die Untersuchung. Seinen Bemühungen gelang es bald, eine Giftmischerbande aufzudecken, deren Haupt die Frau Voisin war, welche Liebestränke und sogenannte „Erbschaftspulver" vertrieb, sich nebenbei aber auch mit Fruchtabtreibung, Wahrsagerei und allerhand magischen Praktiken befasste. Die englischen und holländischen Protestanten hatten ein Komplott gegen Ludwig XIV. angestiftet wegen Unterdrückung der reformierten Religion. Die treibende Kraft dieser Verschwörung war Lord Buckingham. Mit Hilfe der Marquise de Montespan sollte der König beseitigt werden, indem die Voisin ihr gelegentlich einer schwarzen Messe statt des verlangten Liebespulvers ein tödliches Gift verabreichen sollte. Die Voisin wurde am 22. Februar 1680 zum Feuertode verurteilt, nachdem sie ein umfassendes Geständnis abgelegt hatte. Hierdurch wurde bekannt, dass die Priester Mariette, Lesage und besonders der siebzigjährige Abbe Guibourg des öfteren in ihrer Wohnung schwarze Messen zelebrierten, wobei neugeborene Kinder ermordet wurden. Auch die Maitresse des Königs, die Marquise de Montespan, ließ zu drei verschiedenen Malen auf ihrem nackten Leibe durch Abbe Guibourg die Teufelsmesse lesen zu dem Zweck, den König dauernd an sich zu fesseln. Bei einer dieser Zeremonien wurde mit dem Blute eines ermordeten Kindes folgender Pakt mit dem Teufel besiegelt: „Ich erbitte die Freundschaft des Königs und des Dauphins und bitte, dass sie mir erhalten bleibe, dass die Königin unfruchtbar sei, dass der König meinetwillen und um meiner Eltern willen seinen Tisch und Bett verlasse, dass seine Freundschaft noch stärker werde, als sie bereits ist, dass er die Fontanges verlasse und nicht mehr ansehe, dass ich von allen geehrt und geachtet werde, an den Sitzungen des Kronrates teilnehmen kann und alles erfahre, was dort beschlossen wird, dass die Königin verstoßen wird und ich den König heiraten kann".

Bei diesen Gerichtsverhandlungen wurde bekannt, dass damals auch noch andere Priester aus Paris gewohnheitsmäßig schwarze Messen zelebrierten. Am bekanntesten waren: Bathelemy Lemeignan, Vikar an der Saint-Eustach Kirche; Francois Mariette, Vikar an der Saint-Severin Kirche; Joseph Cotton, Pfarrer der Saint-Paul Kirche, und Abbe Tournet, welch letzterer wegen dieses Verbrechens zum Feuertode verurteilt worden war. Als Ludwig XIV. erfuhr, dass auch die Montespan an der schwarzen Messe teilgenommen hatte, suchte er um jeden Preis die Weiterverbreitung des Skandals zu verhindern. Auf Befehl des Königs wurden die Prozessakten der Chambre ardente in sicheren Gewahrsam gebracht, und späterhin, am 13. Juli 1709, wurden in Gegenwart des Königs und des Kanzlers Pontchartrain die kompromittierendsten Zeugenaussagen verbrannt. Was von diesen Prozessakten erhalten blieb, wird in der Bibliotheque de l´Arsenal in Paris aufbewahrt.

Man soll nun nicht glauben, dass die schwarzen Messen nur im Rahmen einer dekadenten und korrupten Gesellschaftsordnung möglich waren und dass der Teufelskult seine Voraussetzungen in der Unwissenheit früherer Jahrhunderte fand. Trotzdem wir es, gemäß Goethes ironischem Wort, so herrlich weit gebracht haben, besitzt der Satanismus auch noch in der neueren Zeit zahlreiche fervente Anhänger.

Über das Treiben der Satanisten im 19. Jahrhundert hat der bekannte mystische Schwärmer Pierre-Michel-Eugene Vintras wohl die umfassendste Dokumentierung hinterlassen. Gemäß dessen Aufzeichnungen soll es gegen 1835 in Agen zahlreiche Satanistenvereinigung bestanden haben, wo man in obszönster Weise geweihte Hostien profanierte, die ein junges, ungetauftes Mädchen (Mlle V. . .), das sich dem Teufel verschrieben hatte, heimlich von der Kommunionbank zurückbrachte. Eine gewisse Witwe Belloc hatte sich vorgenommen, die jugendliche Teufelsbündnerin zu bekehren, und während der Besessenheitsanfälle wurde Satan durch die Exorzismen eines Geistlichen, namens Degans, zur Rückerstattung der Hostien gezwungen. Auf diese Weise sollen 3000 profanierte Hostien zurückgewonnen worden sein, die anfänglich von Witwe Belloc und Abbe Degans aufbewahrt worden sind, später aber dem Bischof von Agen eingehändigt wurden.

Zufolge einer Offenbarung sah sich Vintras in der Folge dazu ausersehen, den Kampf gegen die Satanisten zu führen. In einer anonymen Schrift „Le Precurseur a l´Avenement du Christ" heißt es diesbezüglich von Vintras: „Im Zustande der Ekstase und mit allen Anzeichen heftigen Schmerzes bedauerte Pierre-Michel bitterlich die schändliche Profanierung der hl. Eucharistie, welche ein unwürdiger Priester Satan geweiht hatte . . . Er entreißt die Hostie den Klauen des höllischen Ungeheuers. Auf seinen Befehl kommt sie, nebst vielen andern, in den Tabernakel, den er in seiner Wohnung zu Tilly errichtet hatte". Da die konsekrierten Hostien der wahre Leib Jesu-Christi sind, verhalten sie sich wie lebendige Körper und bluten unter den Verletzungen, die ihnen von ruchlosen Priestern zugefügt worden sind.

Gemäß den Angaben von Vintras soll auch 1846 in Paris eine Satanistensekte bestanden haben, ähnlich wie in Agen.

Durch die mirakulöse Geschichte der blutenden Hostien wuchs der Anhang Vintras immer mehr. In welcher Richtung sich die Sekte Vintras, der auch verschiedene Priester angehörten, in der Folge weiterentwickelte, erfahren wir durch Eliphas Levi, der in seiner „Histoire de la Magie" (S. 484-485) folgendes zu berichten weiß: „Vintras, den seine Anhänger als einen neuen Christus hinstellten, hatte auch seine Ischariote: Gozzoli und Alexandre Geoffroy veröffentlichten die gemeinsten Enthüllungen gegen ihn. Wenn man ihnen Glauben schenken kann, so gaben sich die Sektierer von Tilly-sur-Seules (so hieß ihr Residenzort) den obszönsten Ausschweifungen hin. In ihrer Privatkapelle, welche sie Cönakel nannten, feierten sie schändliche Messopfer, denen die Auserwählten im Zustande völliger Nacktheit beiwohnten. Zu einem gewissen Moment gestikulierten alle, brachen in Tränen aus und schrien: Liebe! Liebe! wobei sie sich gegenseitig „umarmten". Man gestatte uns, das Weitere mit Schweigen zu übergehen. Es waren die Orgien der alten Gnostiker, ohne dass man sich die Mühe nahm, die Lichter auszulöschen. Alexandre Geoffroy versichert, dass Vintras ihn eine Art Gebet lehrte, das in dem monstruösen Akte „Onans" bestand und am Fuße des Altars ausgeführt werden musste; diese schändlichen Beschuldigungen wollen wir jedoch nicht ohne weiteres glauben."

Noch ausführlichere Angaben über diese eigenartigen Kulthandlungen der Vintrasisten macht Gozzoli. Er hebt besonders hervor, dass man diese mystisch-erotischen Zeremonien mit bestimmten Vorsichtsmaßregeln umgab und nur besonders Auserwählte darin einweihte. „Man bezeichnete sie unter dem Namen „Die Reifen", schreibt Gozzoli. Es war dem

Scharfsinn des Beichtvaters und dem Spürsinn seiner Gehilfen überlassen, die Neophyten sorgfältig auszuwählen und sich nicht verwegen an Gläubige heranzuwagen, die den Grad der Reife noch nicht erreicht hatten. Dieses Laster, welches die Mehrzahl unserer Leser erraten, ist jenes, durch dessen Gewohnheit man nur zu häufig die Jugend versiechen und hinsterben sieht. Zu Tilly haben sie diesem Laster in ihrer mystisch-obszönen Sprache die Bezeichnung „Opfer der Liebe" beigelegt. Dieser, Opfer ist gemäß Abbe M . . . (=Marechal) und seinen Adepten eine der Gott am wohlgefälligsten Handlungen, welche die gebenedeiten Kinder des Werkes zu begehen vermögen. Es wird jenen empfohlen, die gegenseitig Sympathie für einander empfinden, es gemeinsam sehr oft auszuführen. Jedes Mal sie dies tun, schaffen sie einen Geist im Himmel".

Dieser Abbe Marechal war der Sohn einer Stuhlvermieterin in einer Kirche und lebte bisher völlig zurückgezogen. Er war über 60 Jahre alt, als er der Sekte der Vintrasisten beitrat. Mit der Begeisterung eines Neubekehrten suchte er, unter Einsetzung seines Einflusses als Priester, überall neue Anhänger zu werben. Seine Opfer waren meist Jugendliche beiderlei Geschlechts, junge Frauen, aber auch ältliche Jungfern. Diese wunderlichen Heiligen brachten das „Opfer der Liebe" unter der Aufsicht von älteren „Respektspersonen" dar. Als solche fungierten u. a. zwei ältere Damen in weißem Haar mit hochachtbaren Namen.

Vintras starb in der Nacht vom 7.-8. Dezember 1875. Im Monat Februar des darauffolgenden Jahres ließ sich in Lyon ein gewisser Abbe Boullan nieder, wo er im Hause eines älteren, wohlhabenden Architekten, der sich mit alchemistischen und magischen Experimenten beschäftigte, gastliche Aufnahme fand. In Lyon trat dieser Abbe Boullan in Verbindung mit den Anhängern Vintras und wusste ihnen glaubhaft zu machen, dass er von Gott die Mission erhalten habe, als Nachfolger Vintras zu wirken. Man schenkte ihm anfänglich wenig Glauben, doch schließlich gelang es Boullan, eine Anzahl Anhänger um sich zu versammeln, so namentlich zwei Somnambule, Madame Thibault und Madame Laure. Innerhalb der Vintrasisten kam es nun zu einem Schisma.

Boullan war ein lebhafter, beweglicher Mann von ungefähr 60 Jahren, klein von Gestalt, mit mächtigem, vorspringendem Kinn, feurigen, unruhigen Augen. Abbe Boullan war ein ehemaliger katholischer Geistlicher der Diözese von Versailles, Almosenier einer Ordensgemeinschaft, Schriftleiter der religiösen Zeitschrift „Les Annales de la Saintete" und des „Rosier de Marie". Er galt als tüchtiger Theologe und besaß eine gewisse Autorität als

Exeget. Nebenbei galt er auch bei den kirchlichen Behörden für einen trefflichen Teufelsbanner. Wenn irgendwo eine hysterische Nonne klagte, dass sie die Anfechtungen des Bösen erdulden müsse, wurde der Abbe Boullan gerufen, damit er den Feind austreibe. Nach verschiedenen geräuschvollen und recht zweideutigen Vorfällen musste er sich nach Lyon zurückziehen. Der erste Anlass hierzu war seine Begegnung mit der Schwester Adele Chevalier, welche vorgab göttliche Erscheinungen zu haben. Boullan glaubte an die Echtheit dieser Erscheinungen und unterbreitete der römischen Kurie den Fall.

Bald darnach entdeckte er eine zweite Visionärin, namens Marie Roche, die er ebenfalls der kirchlichen Behörde vorführte. Entsprechend den Weisungen der seligsten Jungfrau gründete Boullan im Verein mit der Schwester Chevalier in Bellevue das „Oeuvre de la Reparation des Ames", also eine Art chemische Waschanstalt für Seelen, wo man gegen Barzahlung alle möglichen diabolischen Leiden heilte, solange bis der gute Abbe und die wundertätige Nonne wegen Betrugs, unrechtmäßiger Ausübung der Heilkunst und Sittenvergehens gerichtlich angeklagt und im Juli 1865 verurteilt wurden. In der Folge ward vom Erzbischof von Paris das Interdikt (ist die Einstellung von gottesdienstlichen Handlungen als Strafe für ein Vergehen gegen Kirchenrecht) gegen Abbe Bouilan ausgesprochen. Um gegen diese Maßnahme beim Vatikan zu protestieren, reiste Boullan nach Rom, wo er jedoch ins Inquisitionsgefängnis gesperrt wurde. Nach seiner Befreiung führte er ein unstetes Wanderleben, hielt sich vorübergehend in verschiedenen Städten auf und traf im Monat August 1875 in Brüssel mit Eugene Vintras zusammen, für dessen mystisch-erotische Lehren er sich bald begeisterte. Im Mittelpunkt der eigenartigen Heilslehre Vintras stand das „Mysterium des Karmel", das Erlösungswerk durch sexuelle Vereinigung, denn „der Sündenfall im Paradies wurde durch einen Akt schuldbarer Liebe verursacht, daher muss sich die Erlösung durch religiöse Akte der Liebe vollziehen". Dieses neue Evangelium fand Abbe Boullan ganz nach seinem Geschmack und er wurde ein fervener Anhänger des Vintrasisinus. In diesem Kreis entwickelte sich der frühere Teufelsbanner in der Folge zu einem perfekten Teufelsbeschwörer.

Boullans mystisch-obszönes Treiben kam auf eigenartige Weise ans Tageslicht. Im Jahre 1888 war vom Marquis Stanislas de Guaita der Orden der kabbalistischen Rosenkreuzer gegründet worden, der sich u. a. die Aufgabe gestellt hatte, die schwarze Magie überall zu bekämpfen, wo sie sich betätigte, ihre Werke zu zerstören und ihre Wirkungen zu vernichten.

Aus gewissen Andeutungen, besonders durch Indiskretionen von Boullans Logierwirt, erkannte Guaita, welcher damals Ordensgroßmeister der Rosenkreuzer war, dass der gute Abbe in Magie und Satanismus operierte. Im Februar 1889 wurde von einem Ferngericht des Rosenkreuzerordens eine Untersuchung gegen Boullan angeordnet, mit welcher Oswald Wirth betraut wurde, welcher bereits seit August 1885 Boullans Tätigkeit privatim beobachtet hatte. In kurzer Zeit hatte Wirth ein umfangreiches Beweismaterial gesammelt, und auf Grund dieser Urkunden konnte Boullan nachgewiesen werden, dass die Mysterienhandlungen des Karmel neben schwarzer Magie in sexuellen Orgien schlimmster Art bestanden. Gemäß dieser Enquete (Untersuchung) soll als Dogma im Heiligtum des Karmel gegolten haben: „Außer der Kopulation gibt es kein Heil! Alle Männer der Sekte besitzen alle Frauen, alle Frauen haben Recht auf alle Männer!" Am 23. Mai 1889 saß die Ordensfeme der Rosenkreuzer über Boullan zu Gericht und erkannte ihn für schuldig. Dieser Urteilsspruch wurde dem Angeklagten durch Einschreibebrief mit der dringenden Aufforderung zugestellt, seine bisherige Tätigkeit unverzüglich einzustellen. Boullan trug dieser Verwarnung jedoch keine Rechnung und fuhr fort, nach wie vor Proselyten (neu Hinzugekommener) und Opfer zu machen. Seitdem bestand eine okkulte Fehde zwischen dem Karmel und den Pariser Rosenkreuzern.

Boullan starb ziemlich plötzlich anfangs Januar 1893 (!). Der Mann war bei Jahren und litt seit geraumer Zeit an einem Herz- und Leberleiden. Damit gaben sich seine Freunde und Kollegen beim Teufelsbeschwören jedoch nicht zufrieden. Der Schriftsteller Jules Bois denunzierte in einem an den „Gil Blas" gerichteten Schreiben den Marquis Stanislas de Guaita als Hexenmeister und Mörder. Guaita soll den Abbe verhext und so umgebracht haben. Jules Bois führte als Beweis an, dass viele Leute bezeugen könnten, wie der Marquis in seinem Hause einen Spiritus familiaris beherberge, der unsichtbar im Hause spazieren gehe und auf Geheiß des Marquis erscheine und verschwinde. Diesen Hausgeist habe der Marquis abgesandt, um den Abbe umzubringen. Der Marquis erwiderte diese Anklage und beteuerte bei allen Heiligen des Himmels, dass er weder hexen könne noch einen Hausgeist bei sich habe. Jules Bois und seine Freunde blieben aber bei ihrer Ansicht, und für sie war ihr Meister Boullan nicht anders denn durch teuflische Schwarzkunst vom Leben zum Tode gebracht worden. Jules Bois hat u. a. folgende zwei Werke veröffentlicht: „Les Petites Religions de Paris" (Paris 1894.) und „Le Satanisme et la

13

Magie". (Paris 1895.)
Auch der Schriftsteller J. K. Huysmans war mit Boullan in Verbindung getreten, um sich für seinen Roman „La-bas" über den Satanismus zu dokumentieren. Gleich in seinem ersten Schreiben stellte Boullan ihm in Aussicht, Tatsachen und Beweise zu liefern, dass der Satanismus noch wirksam sei und namentlich in den Kreisen des hohen Klerus noch intensiver und weit raffinierter betrieben wird als selbst im Mittelalter. Auch ließ er durchblicken, dass er selbst wegen seiner großen Kenntnisse und Überlegenheit in diesen Künsten von gewisser Seite Nachstellungen ausgesetzt sei. Huysmans begann seine literarische Laufbahn als grimmiger Freidenker, neigte dann zur Mystik, wurde schließlich streng katholisch und ging ins Kloster. Huysmans gehörte zur Tafelrunde Zolas in Medan, war nachher Mitglied der Akademie des Goncourt und zählte wohl fünfundzwanzig Jahre lang zu den gelesensten und geachtetsten französischen Schriftstellern. Im Juli des Jahres 1891 begab sich Huysmans nach Lyon zu Boullan, wo er einen ganzen Monat verblieb und außergewöhnliche Phänomene erlebt haben soll. Auch gab ihm Boullan einige von den wunderbaren Hostien, um sich gegen die magischen Angriffe seiner Feinde zu schützen. Als er zurückkam, glaubte Huysmans steif und fest an den Teufel und an seine Beziehungen zum Menschen, und wahrscheinlich kamen ihm die Geschichten von den Hexen, die auf dem geschmierten Besenstiele zur Walpurgisnacht auf den Blocksberg fuhren, nicht im Geringsten sonderbar vor.
Dieser Abbe Boullan tritt in dem Roman „La-bas" unter der Gestalt des Dr. Johanns auf, den Huysmans „als vom Himmel gesandt" darstellt, „um die verderblichen Umtriebe des Satanismus zu zerschmettern". Als Gegen-spieler und als Typus des verworfenen Priesters und schwarzen Magiers zeichnete Huysmans den Kanonikus Docre. Wie der französische Okkultist Joanny Bricaud zu berichten weiß, war der Domherr Van Harche aus Brügge das wahre Urbild dieses satanistischen Kanonikus Docre. Huysmans besaß ein Portrait des Brügger Domherrn und zeigte es dem Dr. Michel de Lezinier gelegentlich eines Besuches, den ihm dieser im Jahre 1897 in Liguge machte.
„Ich hätte", schreibt Dr. de Lezinier, „Huysmans meine Meinung über diesen Prachtkerl Docre nicht sagen mögen. Ich hielt ihn für einen verdrehten Kauz, der sich einbildete, der Stellvertreter Satans selber auf Erden zu sein, der diabolische Papst eines Vatikans der Hölle . . . Aber für Huysmans war er ein höllischer Magier, allwissend und furchtbar, der seine

Opfer über Täler und Berge hinweg umbrachte und dessen Wut man fürchten musste. Ich gab ihm das Portrait zurück, und wie früher rief er aus: „Ha! Der Schmutzfink!"

Satanist und Besessener war dieser Priester unbestreitbar, meint Joanny Bricaud. Der Benediktiner Dom Besse, der eine Sammlung von Dokumenten über ihn besaß, behauptete, er habe sich dem Teufel geweiht und habe sich ein Kreuz unter die Fußsohlen eintätowieren lassen zu dem seltsamen Vergnügen, immer darauf treten zu können!

Nach den Aussagen Huysmans hatte er in Belgien einen dämonischen Zirkel junger Leute gebildet. Er lockte sie an sich durch die Neugierde nach Experimenten, die den Zweck hatten, die unbekannten Kräfte der Natur zu studieren. Dann hielt er sie an sich durch den Köder von Frauen, die er hypnotisierte, und durch üppige Mahle. Nach und nach verdarb er sie mit Aphrodisiacis, die er ihnen in Gestalt von eingemachten Nüssen zum Dessert zu verspeisen gab. Dann, wenn er sie für reif befunden hatte, gebunden und besudelt durch gegenseitige Ausschweifungen, warf er sie in den vollen Sabbat, indem er sie der Herde seiner satanistischen Schäflein einverleibte.

Wie Huysmans in „La-bas" berichtet hat, kam Docre häufig nach Paris, wo er die schwarze Messe zelebrierte. Interessant ist weiterhin noch, dass, als 1890 der Roman „La-bas" zuerst im „Echo de Paris" erschien, Huysmans auf verschiedene Anfragen hin in einem öffentlichen Brief erklärte, satanistische Priester seien keineswegs selten und dass er persönlich deren drei kenne, die damals in Paris die schwarze Messe zelebrierten.

Am Tage nachdem der erwähnte Artikel von Jules Bois im „Gil Blas" erschien, veröffentlichte der „Figaro" ein Interview mit Huysmans, worin dieser sagte: „Es steht für mich außer jedem Zweifel, dass Guaita und Peladan tagtäglich schwarze Magie betreiben; es ist daher durchaus möglich, dass mein verehrter Freund Boullan infolge ihrer Behexung gestorben ist". Schließlich ließ der Marquis de Guaita Bois und Huysmans durch zwei seiner Freunde eine Forderung zum Duell überbringen. Huysmans leistete Abbitte, der rauflustige Bois nahm die Forderung an. Man einigte sich auf Pistolen und die beiden Gegner trafen sich an der Tour de Villebon. Das Duell verlief ergebnislos.

Diese Duellgeschichte, wie die ganze Polemik wegen des Ablebens eines verschrobenen Schmutzfinkes, fand in der Pariser Presse trotz des Panamaskandals, der damals im Mittelpunkt des öffentlichen Interesses stand, einen weiten Wiederhall. So geschehen am Ende des 19.

Jahrhunderts, im Vaterland eines Voltaire und Diderot, in Paris, der Ville-Lumiere!

Es wird uns demnach verständlich, dass wir auch noch weiterhin Fälle von Satanismus antreffen. Als Beweis dafür, dass auch noch heute in gewissen Kreisen schwarze Messen zelebriert werden, erwähnt Huysmans, der über den Teufelskult sehr gründlich informiert war, die auffallende Tatsache, dass ziemlich oft konsekrierte Hostien in Kirchen gestohlen werden. Die Zeitschrift „Semaines Religieuses" erwähnte eine Anzahl solcher Diebstähle, und daran anschließend bemerkt Huysmans: „Zu welchem Zwecke stiehlt man diese Hostien? Auf diese Frage ist sonst keine Antwort möglich, als dass man diese Hostien zu satanistischen Zwecken gebraucht. Was soll zum Beispiel ein Freidenker hiermit anfangen, da es für ihn nur einfache Oblaten sind? Er würde keine fünf Sous für den ganzen Vorrat an Hostien geben, die man letzthin in der Notre-Dame-Kirche zu Paris gestohlen hat. Jene, welche diese Hostien erwerben, müssen daher glauben, dass in ihnen der wahre Leib Christi enthalten ist. In diesem Fall kann der Leib Christi jedoch nur zu Profanierungen und schändlichen Handlungen dienen!"

Gemäß Eugne Ledos – (1822-1904), bekannter französischer Physiognomiker, Verfasser des Werkes „Traite de physiognomie humaine" (Paris 1894. 2. Aufl. 1904). Ledos war auch ein tüchtiger Hypnotiseur und beschäftigte sich ebenfalls mit Astrologie. Soll hervorragende hellseherische Fähigkeiten besessen haben. In dem satanistischen Roman „Labas" – lässt Huysmans den Pariser Physiognomiker unter dem Namen Gevingey auftreten – sollen in Paris tatsächlich gewisse Satanistengruppen existiert haben. Diese Teufelsanbeter sollen sich unweit der Saint-Sulpice Kirche vereinigt und dort regelmäßig schwarze Messen abgehalten haben.

Genauere Informationen über das Treiben der Pariser Satanisten verdanken wir einem Reporter des „Matin". Am 27. Mai 1899 veröffentlichte Serge Basset (im Jahre 1917 als Kriegsberichterstatter gefallen) in dieser Zeitung einen ausführlichen, sehr sensationell aufgemachten Bericht über seine Teilnahme an einer schwarzen Messe. Im Anschluss an einen im „Eclair" erschienenen Artikel, worin Basset die Tatsächlichkeit dieser Praktiken in Zweifel stellte, erhielt er eine Aufforderung, an einer derartigen Zeremonie teilzunehmen. Da er sich nicht am verabredeten Orte einfand, wollte man seine Courage auf die Probe stellen. Am andern Abend erhielt der Journalist zu später Stunde den Besuch einer unbekannten Dame, die ihn aufforderte, ihr zu folgen, um einer schwarzen Messe beizuwohnen. Dann begann eine längere, recht abenteuerliche Droschkenfahrt mit verbundenen Augen in Begleitung der rätselhaften Besucherin. Als man Basset die Binde von den Augen abnahm, befand er sich an einem Kellereingang, wo drei Wächter standen, die seiner Begleiterin in lateinischer Sprache das Passwort abnahmen. Darnach wurde er in einen schlecht erleuchteten Kellerraum gedrängt, wo 15 Personen anwesend waren, 7 Männer und 8 Frauen. Bei den Männern fiel Basset das glattrasierte Gesicht auf; auch ließen deren Physiognomien und ganzer Habitus vermuten, dass sie dem geistlichen Stande angehörten. Nachdem man dem Journalisten eingeschärft hatte, die Zeremonie durch nichts zu stören, begann die Teufelsmesse.

Am oberen Ende des Raumes stand ein schwarz behangener Altar. Dort wurden sechs Kerzen angezündet, und Basset erkannte dass auf dem Altar ein mächtiger Bock auf einem Kruzifix saß, umgeben von quabbalistischen Zeichen. Dann stimmten die Anwesenden eine Litanei an, die Basset für ein satanistisches Glaubensbekenntnis hielt. „Gloria in profundis Satani! . . . In profundis Satani gloria!"

Ein Mann von hoher Gestalt, mit weingerötetem Gesicht, betrat alsdann den Altar, verneigte sich vor dem Bock und legte die rituellen Messgewänder an. Dann besprengte er die Anwesenden mit einer ekelhaften Flüssigkeit . . . Die Messe begann. Ein altes hutzeliges Weib fungierte als Messdiener.

„Introiba ad altare Dei nostri Satanis."

„Ad Deum qui nunc oppressus resurget et triumphabit."

Alle Anwesenden gaben im Chorus dem Offizianten die Responsion, sodass Basset bei dem allgemeinen Stimmengewirr nur einzelne Brocken verstehen konnte. Währenddessen sah er sich den Raum näher an. Die Wände waren mit obszönen Darstellungen und Sprüchen aus dem Zohar geschmückt. Auf dem feuerroten Messgewand war ein Bock abgebildet, umgeben von einer Aura goldener Zacken. Unter diesem Bild waren folgende Worte gestickt: Fratres sororesque malignae observantiae. Laus Satani. Das Stimmengewirr dieser Brüder und Schwestern der Observanz des Bösen wurde immer lauter, schriller und ekstatischer. Das frenetische Geheul verstummte eine Weile, als der Ministrant eine lateinische Ansprache hielt, voll der schrecklichsten Gotteslästerungen und worin er die Macht und Herrlichkeit Satans verkündete, dessen Reich auf Erden bald anbrechen wird. Diese seltsame Predigt schloss mit den Worten: „Laus Satani qui proximo die, resurget, regnabit et semper triumphabit!" Begeistert stimmten die Anwesenden in den Ruf ein: „Laus Satani qui, proximo die, resurget, regnabit et semper triumphabit!" Die schwüle Atmosphäre des Kellers war mittlerweile mit narkotischen Räucherungen geschwängert.

Inmitten dieses frenetischen Jubels über die baldige Herrschaft Satans, riss ein junges Weib sich die Kleider vom Leibe und trat nackend vor den Altar. „Quid velis?", frug der Offiziant.

„Ad sacrificiam, offere corpus meum", lautete die Antwort des nackten Weibes. Man legte sie auf den Altar und der Teufelspriester stellte den Kelch auf den nackten Körper. Dann begann die bekannte Parodie des katholischen Messopfers. Der Ministrant zog eine schwarze Hostie hervor und parodierte das Offertorium:

„Sucsipe, sancte Pater, hostiam nanc . . ."

„Accipe etiam sanguinem nostrum!", antworteten zwei Stimmen, und ein nackter Mann und ein nacktes Weib traten zum Altare hin. Beide hatten sich an der Brust eine leichte Wunde beigebracht, aus der Blut quoll, das der Priester in dem Kelch auffing. In diesem Tempo ging die Teufelsmesse weiter. Der Ruf „Laus Satani" wurde immer vehementer. Die Ekstase greift von einem zum andern über. Das Weib auf dem Altar liegt in hysterischen Zuckungen. Die Frenesie (Raserei) der Anwesenden äußert sich in zunehmends heftigem Gesten. Sie werfen nacheinander ihre Kleider ab.

Als das Messopfer zu Ende war, begann das eigentliche Sabbatttreiben. Angesichts der jetzt beginnenden Orgien zog sich der Reporter prüderweise zurück.

Im Monat Mai 1925 hatte Marcel Nadaud im „Petit Journal" unter dem Titel „Sorciers Modernes" eine Artikelserie über das Zauberwesen in Paris veröffentlicht. Gemäß dessen Angaben soll es auch noch augenblicklich in Paris zwei Sekten von Satanisten geben, die bei ihren Zusammenkünften regelmäßig Teufelsmessen zelebrieren. Die eine soll ihren Sitz in der nördlichen Bannmeile von Paris haben und eine Tochterloge einer amerikanischen Satanistensekte von Charlestown sein; die andere soll sich im Saint-Merri Viertel im 4. Arrondissement, unweit der Notre-Dame Kathedrale, befinden. Letztere Sekte soll in der Provinz und in Brüssel Zweiggesellschaften besitzen.

Dass es heutigen Tags hin und wieder noch Satanisten gibt, die tatsächlich schwarze Messen feiern, wäre nach folgenden zwei Zeitungsausschnitten anzunehmen. Im „Intransigeant" vom 18. Januar 1926 stand zu lesen:

„New-York, 17. Januar. Seit gestern bilden in New-York die blutigen Extravaganzen des neuen „Voodoo"-Kultes das allgemeine Gespräch. Die

18

fanatischen Anhänger dieses infernalen Kultes waren eben im Begriff, ihrer geheimnisvollen Gottheit ein Opfer darzubringen in Gestalt von Mrs. Rose Parollo, welche geknebelt und blutüberströmt auf einem Altar in der Ecke eines finsteren Zimmers lag, wo die Gläubigen sich versammelt hatten, als glücklicherweise die von den Nachbarn rechtzeitig benachrichtigten Polizeibeamten in den Versammlungsraum eindrangen. Der Sachverhalt war kurz folgender: Der „Voodoo"-Kultus, auch „Voodooismus" genannt, soll angeblich bei den Schwarzen beheimatet sein, doch zählt er augenblicklich auch zahlreiche Anhänger unter den Weißen New-Yorks, welche sich zu diesen Praktiken in einem Haus in der Park-Street Nr. 18 vereinigen. Mrs. Parollo begab sich in dieses Haus, um einem Bekannten einen Besuch abzustatten. Als Mrs. Parollo auf dem zweiten Stockwerk angelangt war, wurde eine Tür leise geöffnet und Mrs. Parollo von kräftigen Fäusten blitzschnell hereingezerrt. Man drängte sie in ein dunkles Zimmer, das durch eine flackernde Öllampe spärlich erhellt war.

Zu Tode erschrocken wollte Mrs. Parollo um Hilfe rufen. Ungeachtet ihrer Hilferufe fielen zwei Personen über sie her, die man späterhin als Mr. Joseph Musca und seine Ehefrau identifizierte. Diese beiden fungierten als Opferpriester und verletzten Mrs. Parollo durch mehrere Messerstiche, während die Anwesenden aus vollen Leibeskräften eine unverständliche Litanei anstimmten.

Mrs. Parollo schrie mit aller Kraft, während das Blut aus zahlreichen Wunden floss. Nachdem Mrs. Parollo mehrere Messerstiche in die Brüste und die Schenkel versetzt worden waren, rissen ihr die eigenartigen Opferpriester verschiedene Haarbüschel aus, indem sie eine Art „Negertanz" um sie aufführten.

Trotz des allgemeinen Lärmes hörten die Hausbewohner jedoch die Hilferufe der unglücklichen Frau und alarmierten schleunigst die Polizei. Als letztere ins Zimmer eindrang, lag das bedauernswerte Opfer bewusstlos am Fuße des Altars. Die Anwesenden wurden verhaftet und Mr. und Mrs. Musca sollen auf ihren Geisteszustand untersucht werden."

Im „Messin" vom 10. September 1930 finden wir andrerseits folgende Notiz: „Warschau, 9. September. Infolge der Enthüllungen der Zeitung „Expreß Paranny" gelang es der Warschauer Polizei, eine Sekte von Satanisten zu entdecken. Die von der Polizei vorgenommene Haussuchung bei dem Oberhaupt dieser Sekte, einem Greis von 85 Jahren, namens Tcheslav Chansky, führte zur Entdeckung von kompromittanten Gegenständen und Dokumenten. Die Sekte dieser Satanisten war natürlich geheim. Ihr Credo bestand in einer Verleugnung des Christentums und in dem Glauben an Satan, dem sie einen besonderen Kult widmeten. Bei ihren Versammlungen verspotteten die Angehörigen dieser Sekte die christlichen Riten und begingen gotteslästerliche Handlungen, wozu sie sich geweihter Gegenstände bedienten, die in den Kirchen von Warschau entwendet wurden. Der Einfluss der Leiter dieser Sekte auf die Gläubigen war derart unwiderstehlich, dass einige sich selbst den Tod gaben, als Zweifel in ihrem Herzen aufstiegen. Diese Satanisten betrachteten sich als Schüler jenes Magiers Simon, von dem die Evangelien berichten. Als besondere Feiertage galten der 19. Februar, 2. Mai und der 14. April. Die Warschauer Behörden haben eine umfassende Untersuchung über die Tätigkeit dieser satanistischen Sekte eingeleitet. Nach gewissen Mitteilungen sollen viele Persönlichkeiten der russischen Kolonie in Warschau dieser Sekte angehören."

Kürzlich ging durch die Pariser Zeitungen abermals das Gerücht, die Polizei habe den Oberpriester einer Satanistensekte verhaftet. Es war gegen Mitte April 1929, als die Pariser Fremdenpolizei aus nicht bekannten Gründen den Engländer Sir Aleister Crowley aus Frankreich auswies bzw. ihm seine Aufenthaltsgenehmigung nicht erneuerte. Crowley ist in Okkultistenkreisen bekannt unter dem Pseudonym Meister Therion und hat in englischer Sprache eine Anzahl magischer Schriften veröffentlicht, wovon einige kleinere Broschüren auch in deutscher Sprache erschienen sind.

Dieser Crowley ist in der Tat eine sehr rätselhafte Persönlichkeit und hat eine recht bewegte Vergangenheit. Während des Krieges arbeitete er im Auftrage des britischen Intelligence-Service in Amerika. Bereits einige Jahre vorher soll Crowley aus Italien ausgewiesen worden sein wegen gewisser Sittenvergehen und seiner magischen Praktiken. Aleister Crowley, am 12. Oktober 1875 in Leamington (Warwickshire) geboren, stammte aus einer wohlhabenden Familie. Sein Vater war Prediger der Sekte der sogenannten „Plymouth-Brüder". Schon als Kind zeigte er auffallend mystische Neigungen. Nach Absolvierung des Gymnasiums studierte er drei Jahre Medizin an der Universität zu Cambridge. Zum Doktorexamen kam es allerdings nicht, denn er verließ die Universität, um sich okkulten und alchemistischen Studien zu widmen.

Er kam mit mancherlei Magisten in Berührung und wurde Mitglied des Ordens „Golden Dawn" (Goldene Dämmerung). Seine Aufnahme in den Orden „Golden Dawn" erfolgte durch den damaligen Großmeister Mac

Gregor Mathers. Bei seiner Initiation nimmt er den bezeichnenden Ordensnamen Frater „Perdurabo" (ich werde ausharren, dauern durch die Zeiten hindurch) an. Doch kam es bereits 1899 zu Zerwürfnissen im Orden, die Mathers nötigten, die Leitung niederzulegen; der Orden löste sich auf, und Crowley unternahm in den nächsten drei Jahren Reisen nach allen Gegenden der Welt. Crowley betätigte sich auch als Dichter; Baudelaire wurde von ihm ins Englische übersetzt und schon 1905 erschienen drei Bände seiner gesammelten Dichtungen unter dem Titel „Collected Works". Wanderlust und der Drang zu fahren und zu erfahren treibt ihn fast über die ganze Erde. Er lebt als Yogi in Indien, als „Laird" auf seinen schottischen Besitzungen, als Künstlerboheme in London, Paris und New-York. Doch zieht es ihn immer wieder nach Paris, wo auch die meisten seiner Gemälde entstehen, denn auch diese Kunst ist ihm nicht fremd. Auf seinen Reisen trat er in näheren Kontakt mit mannigfachen geheimen Gesellschaften. Er ist u. a. Generalgroßmeister des O.T.O. (Ordo Templi Orientnis) für die Länder englischer Sprache und hat seinerseits um 1910 in England eine Rosenkreuzergruppe „The Equinox" gegründet, die vorgibt, im Besitze der atlantischen Tradition zu sein.

Einige Zeit nach dem vorerwähnten Artikel von Serge Basset veröffentlichte der „Matin", am 21. Juni 1899, folgende Notiz: „Im Anschluss an den Bericht unseres Mitarbeiters über die aufregenden und manchmal abstoßenden Vorgänge bei der Feier der sogenannten Schwarzen Messe gingen uns seitens unserer Leser zahlreiche Anfragen zu. Einzelne wollten sogar von uns wissen, wie man diesen kuriosen Kultparodien beiwohnen könne. Andere hingegen bezweifelten die Wahrheit der berichteten Tatsachen. Den einen sowohl wie den andern müssen wir antworten, dass wir mit peinlicher Genauigkeit – manchmal zwar in etwas abgeschwächter Form – nur Vorgänge berichtet haben, von denen unser Redakteur Augenzeuge war. Wir sind in der Lage dies zu beweisen. Wir können jedoch nicht die Hand dazu bieten, irgend jemand den Zutritt zu diesen Mysterien zu ermöglichen oder zu erleichtern. Die Grenzscheide zwischen dem Satanismus und gewissen pervers-erotischen Darbietungen ist zu schmal und schwankend, so dass wir der Rekrutierung neuer „Gläubiger" nicht Vorschub leisten wollen".

Auch die streng katholische Zeitschrift „Revue du Monde Invisible", die den Artikel von Serge Basset am 15. Februar 1900 in extenso reproduzierte, tritt für die Glaubwürdigkeit dieses Berichtes ein. Einleitend heißt es auf S. 541 dieser von Mgr. Elie Meric herausgegebenen Monatsschrift: „Der

Verfasser dieses Artikels ist ein Reporter des „Matin", der seine Informationen an zuverlässiger Quelle geschöpft hat. Wir haben unsrerseits eine Enquete angestellt und können demnach behaupten, dass die in diesem Artikel erwähnten Tatsachen real sind. Ein gewohnheitsmäßiger Teilnehmer dieser Versammlungen hat uns bestätigt, dass der Inhalt dieses Artikels streng der Wahrheit entspricht".

Trotz dieser formellen Zusicherungen liegt wegen gewisser Einzelheiten der Verdacht jedoch nahe, dass es sich abermals um die Mystifikation eines sensationsbedürftigen Journalisten handelt.

Eine ähnliche Farce wie Serge Basset, nur noch in viel größerem Ausmaße, hatte sich bereits einige Jahre vorher der bekannte Leo Taxil geleistet. Leo Taxil, dessen richtiger Name Gabriel Antoine Jogand-Pages lautete, wurde im Jahre 1854 in Marseille geboren und starb 1907 in Sceaux. Er wurde in einem Jesuitenkolleg erzogen. Kaum erwachsen, betätigte er sich als grimmiger Pfaffenfresser und veröffentlichte unter dem Pseudonym A. Volpi das obszöne Machwerk „Les amours secretes des Pie IX", dem mehrere unflätige Schriften gegen die Kirche und den Klerus folgten. Er war schon 1872 unter dem Namen Taxil in radikalen Blättern in Paris tätig und gründete eine „Ligue Anticlericale", die 281 Freidenkervereine umschloss mit ca. 20.000 Mitgliedern. Im Jahre 1881 trat er in die Freimaurerei, aus der er aber bald wegen Streitigkeiten wieder austrat. Um die achtziger Jahre des vorigen Jahrhunderts betrieb die internationale Freimaurerei eine aktive antiklerikale Propaganda, und diesetwegen erließ Papst Leo XIII. am 20. April 1844 die Enzyklika „Humanum genus" gegen das Freimaurerwesen.

Kaum ein Jahr nach dieser Enzyklika inszenierte Taxil seinen berühmt gewordenen Teufelsschwindel, mit dem er zwölf Jahre hindurch die ganze katholische Welt zum Narren hielt. Am 24. April 1855 fand die angebliche Bekehrung Taxils statt; er erklärte sich im „Univers" für einen reuigen Sünder und schwor seine Vergangenheit ab. Vom päpstlichen Nuntius in Paris erhielt er Absolution und Segen und trat nun angeblich im Interesse der katholischen Kirche gegen die Freidenker auf. Über dieses wiedergefundene Schaf herrschte große Freude in katholischen Kreisen, um so mehr, da er sensationelle Enthüllungen über das satanistische Treiben der Freimaurer zu machen wusste. Er schrieb: „Confessions d'un ancien libre-penseur"; „Les mysteres de la Franc-Maconnerie devoiles"; „Revelations completes sur la Franc-Maconnerie". „Les Freres Troispoints" (deutsch von Gruber); „La France maconnique"; „Le Diable et le

Revolution" und andere Bücher, in denen er die Freimaurer des Teufelsdienstes und schändlicher Laster beschuldigte. Mit einem gewissen Dr. Bataille (Karl Hacks) gab er das zweibändige Werk: „Le Diable au XIXme Siecle ou les mysteres du Spiritisme. La franc-maconnerie luciferienne. Revelations completes sur le Palladisme, la Theurgie, la Goetie et tout le Satanisme moderne" (Paris 1892-1895) heraus, mit dem Italiener Margiotta „Adriano Tenani, Chef supreme des Francs-Macons".

Alle diese Bücher fanden bei den Ultramontanen, auch hochgestellten Prälaten, Glauben und lebhaften Beifall. Er erfand auch einen Teufel Bitru und als dessen ehemalige, jetzt aber bekehrte Dienerin eine amerikanische Miss Diana Vaughan, die in ihren Memoiren die tollsten Enthüllungen machte. Dieser Miss Vaughan gab Taxil folgenden Zivilstand: Sie soll 1863 in Paris geboren sein und die französischen Vornamen Jeanne-Marie-Raphaele tragen. Ihr Vater war aus Louisville (Kentucky) in den Vereinigten Staaten gebürtig, die Mutter war eine französische Protestantin aus den Sevennen. Die Mutter starb, als Diana 14 Jahre alt war, und sie kehrte mit ihrem Vater nach Amerika zurück und wohnte seither gewöhnlich in New-York. Sie soll Großmeisterin der New-Yorker Freimaurerloge „Phöbus mit der Rose" gewesen sein, die hauptsächlich aus Angehörigen der französischen Kolonie bestand. Unter dem Decknamen Miss Vaughan veröffentlichte Taxil: „Memoires d´une ex-palladiste, parfaite initiee independante", 24 Lieferungen (Alfred Pierret, Paris 1895-97); „Le 33me Crispi. Un palladiste homme d´Etat demasque. Histoire documentee du heros depuis sa naissance jusqu´a sa deuxieme mort" (Alfred Pierret, Paris 1896); „La Restauration du Paganisme. Transition decrette par le Sanctum Regnum, pour preparer l´Etablissement du Culte public de Lucifer . . . Rituel du Neo-Paganisme" (Alfred Pierret, Paris 1896).

Die angebliche Miss Vaughan gab auch 1895 die Zeitschrift „Le Palladium regenere et libre. Lien des groupes luciferiens indiependans", wovon insgesamt drei Hefte erschienen sind.

Diese Märchen von dem Teufelskult in den Freimaurerlogen und den Schwindel mit Miss Vaughan hat selbst ein Leo XIII. geglaubt, oder gab sich doch aus kirchenpolitischen Gründen den Anschein, als glaubte er es. Kardinal Parocchi übersandte Miss Vaughan sogar den päpstlichen Segen. Dieser Schwindel dauerte bereits an die zehn Jahre. Im Jahre 1896 fand zu Trient ein internationaler Anti-Freimaurerkongress statt, der von zahlreichen Priestern (36 Bischöfen) besucht wurde, wo Taxil wegen seiner

Verdienste um die Kirche gefeiert wurde. Allerdings wurden auch einzelne Stimmen laut, namentlich von deutscher Seite, welche die angeblichen Enthüllungen Taxils in Zweifel zogen. Taxil zog es nun vor, selbst Farbe zu bekennen. In einer großen Versammlung, die am 19. April 1897 in einem Saale der Societe de Geographie in Paris stattfand, legte er das überraschende Geständnis ab, dass die Geschichte der Miss Vaughan und des Teufels Bitru nichts als eine grobe Mystifikation gewesen sei.

Taxils Mitarbeiter, Dr. Karl Hacks, gab während den Jahren 1894-96 eine „Revue Mensuelle, religieuse, politique, scientifique" heraus, die gewissermaßen als Fortsetzung des „Diable au Dixneuvime Siecle" dienen sollte. Außer zahlreichen Mystifikationen findet man in dieser Zeitschrift freimaurerische und philosophische Abhandlungen und auch einige gut dokumentierte Arbeiten. So finden wir auch dort einen Bericht über eine schwarze Messe, die in Freiburg (in der Schweiz) zelebriert worden sein soll, sowie eine andere Arbeit über die Affäre Adriano Lemmi. Lemmi soll das Oberhaupt der freimaurerischen Satanisten sein, deren Hauptquartier in Rom ist. Ein Echo dieser Auffassung finden wir auch in Huysmans Roman „La-bas", wo es auf S. 92 heißt: „Aber welcher Klasse gehören denn die Leute an, die heute noch Teufelsanbeter sind?"

„Das sind Vorsteher von Priesterseminaren, Beichtväter religiöser Orden, Prälaten und Äbtissinnen im Rom, wo das Zentrum der heutigen Magie ist, gehören sie zu den höchsten Würdenträgern."

Lemmi war gewissermaßen der Papst des Satanismus. Doch das Kapitel des römischen Satanismus bildet die eigentliche Spezialität des Dr. phil. Domenico Margiotta, den wir bereits als Mitarbeiter Taxils erwähnt haben. Im Gegensatz zu Taxil ist Margiotta jedoch fest von der Tatsächlichkeit des freimaurerischen Teufelskultes überzeugt. Er schrieb folgende Bücher: „Le Culte de la Nature, supreme horreur de la Franc-Maconnerie universelle", Grenoble und Brüssel 1896; „Le Palladisme, culte de Satan Lucifer dans les triangles maconniques", 3. Aufl., Grenoble 1895. (Hier behauptet der Verfasser, Augenzeuge von schwarzen Messen im Palazzo Borghese in Rom gewesen zu sein.) „Picordi di un Trentatre", o. O. 1895. (Die französische Ausgabe trägt den Titel: „Souvernirs d'un Trente-troisieme. Adriano Lemmi, chef supreme de la franc-maconnerie". Paris und Lyon, o. J.).

Die Literatur über den Satanismus ist sehr groß, aber meist sensationell gefärbt. Die Arbeiten des Marquis Stanislas de Guaita („Le Temple de Satan") und des Schriftstellers Barbey d'Aurdvilly („Le Satanisme") sind die relativ (!) nüchternsten. Es schließen sich an „Die Geschichte des Teufels" von G. Roskoff (Leipzig 1869) und die „Geschichte des Verkehrs des Menschen mit dem Teufel" von dem russischen Professor Orloff. Von neueren Arbeiten seien genannt: Osborn „Die Teufelsliteratur des XVI. Jahrhunderts" (Berlin 1893), Arthur Landsberger „Gott Satan und das Ende des Christentums" (München 1923).

In Romanform haben diese Fragen behandelt: J. K. Huysmans „La-bas"; Brvannes Roland „La Papesse noire" (Paris 1907); Stanislaus Präzybyszewsky „Die Synagoge des Satans"; St. Przybyszewski „Die Entstehung und der Kult der Satanskirche" (in „Die Kritik" 1879, Nr. 134, 135, 148, 149, 150); L. Schabelskaja „Die Satanisten des XX. Jahrhunderts".

Auch der berüchtigte Marquis de Sade hat das Motiv des Satanskultus in seinen Romanen ausgiebig benutzt. Mehrere schwarze Messen kommen in „Justine" und „Juliette" vor. In „Justine" (Bd. II, S. 239 ff.) wird eine solche Messe in einem Kloster ausführlich geschildert. Ein Mädchen wird als heilige Jungfrau in der Kirche in einer Nische festgebunden, mit zum Himmel erhobenen Armen. Später wird sie nackt auf einen großen Tisch gelegt, Kerzen werden angezündet, ihr Gesäß wird mit einem Kruzifix geschmückt und „sie feierten auf ihrem Gesäß die absurdesten Mysterien des Christentums". Dann wird auf den Nates (Gesäß) der Justine eine Messe gelesen. „Sobald die Hostie Gott geworden ist, ergreift sie der Mönch Ambroise et in anum filiae immittit", wobei der Hostienaberglaube mit den wüstesten Ausdrücken verhöhnt wird.

Ein andermal erfolgt („Juliette" III, 35) der Eintritt in den Saal der „Societe des amis du crime" nackt auf einem großen Kruzifix, das mit Hostien bedeckt ist und an dessen Ende die Bibel liegt.

Zwei Satansmessen werden („Juliette" III, 147) in cunnis duarum tribadum gelesen, darauf die Hostie in faece posita ano inseritur, worauf der Hauptaltar zur Stätte der wildesten Orgien gewählt wird.

Endlich liest Papst Pius VI. selbst („Juliette" V, 1) in der Peterskirche eine schwarze Messe, wobei die Hostie in pene papae posita postea ano filiae inseritur.

Jacques Souffrance (Pseudonym für Louis Ulbach) verarbeitete in dem Roman „Le Couvent de Gomorrhe" (Paris o. J.) den berühmten Prozeß der Nonne Magdelaine Bavent, aus dem Saint-Louis Kloster zu Louviers, wodurch im 17. Jahrhundert vieles über die Satansmesse an die Öffentlichkeit gebracht wurde. Über diesen Besessenheitsprozeß von

Louviers (1643-46) besteht eine ziemlich umfangreiche Literatur.

Der Satanismus war ein Lieblingsmotiv der romantischen Schule. Diese Feststellung trifft ganz besonders für Frankreich zu. Während man dort das 18. Jahrhundert mit vollem Recht als Saeculum rationalisticum bezeichnen kann, in dem alles Dämonische und Übersinnliche streng verpönt war, tritt zu Anfang des 19. Jahrhunderts der Dämonismus in den Mittelpunkt des literarischen Schaffens. Die französische Romantikerschule hat allerdings den Teufel aus der deutschen und englischen Literatur importiert Die Vorbilder dazu fanden sie bei Byron, Goethe, Walter Scott, Anna Radcliffe, E. T. A. Hoffmann u. a. Besonders die Engländer haben sehr subtile Analysen des Satanismus geliefert. Hierbei drängt sich die Feststellung auf, dass namentlich in protestantischen Länder Satan eine größere Macht zuerkannt wurde als in katholischen. Der Satan der Katholiken bliebt immer mehr oder weniger der Allmacht Gottes unterstellt; seine Herrschaft ist daher dem Menschen nicht so verderblich, als dies nach protestantischer Auffassung der Fall ist. Von den Schriftstellern, die in Frankreich dämonische Motive bearbeitet haben, sind besonders zu nennen: Charles Nodier, Gautier, Victor Hugo, Balzac, Gerard de Nerval, Merimee, George Sand, Janin, Petrus Borel, Barbey d´Aurvilly et Villiers de l´Isle-Adam.

Es war insbesondere Chateaubriand, der den Teufel in die französische Literatur eingeführt hat. Während seines Exils in England lernte er dort das „Verlorene Paradies" Miltons kennen, und dies erschloss ihm die poetischen Schönheiten des Christentums, mit dem unzertrennbar der Teufelsglaube verbunden ist. Chateaubriand hat die dämonische Dichtung in Frankreich eingeführt durch seine beiden Bücher „Les Natchez" (1797-1800) und „Martyrs" (1810), in denen er vorwiegend den christlichen Wunderglauben verherrlichen wollte. Der Teufel, als unzertrennbarer Bestandteil dieses Wunderglaubens, findet demnach auch im Rahmen dieser Bücher seinen Platz.

Chateaubriand hat das moderne Schrifttum sowohl wie die bildenden Künste mit dem Geiste des Mittelalters, seiner innigen Frömmigkeit und seinem Wunderglauben bekannt gemacht. Dieses Mittelalter besaß in der Tat für die Romantiker einen starken Anreiz. Diese Epoche, wo Rittertum und Papsttum in vollster Blüte standen, war gewissermaßen das goldene Zeitalter des Teufels. Der Glaube an das Wirken des Teufels, an Zauberei und Hexenwesen herrschte unumschränkt. Die Renaissance und die Reformation haben diesem volkstümlichen Teufelsglauben keinen Abbruch getan. Daher widmeten sich die Romantiker mit Eifer dem Studium der

Dämonologie, des Hexenwesens und der geheimen Wissenschaften. Die Auswirkungen dies von Chateaubriand instaurierten literarischen Satanismus lassen sich übrigens noch im französischen Schrifttum gegen Ende des Jahrhunderts nachweisen, und der Satanismus eines Barbey d´Aurevilly und eines Huysmans gehen in direkter Linie auf Chateaubriand zurück. Für diese neokatholischen Schriftsteller des „Fin du siecle" besaß die Religion nur Anreiz gegen der dadurch gegebenen Möglichkeit mannigfacher Haeresien und Gotteslästerungen.

Tatsächlich gingen einige Romantiker so weit, Satan entweder wirklich oder symbolisch zu verehren. Wenn wir Maigron Glauben schenken dürfen, so soll unter ihrem Einfluss eine wirkliche satanistische Kirche gegründet worden sein. Eine dieser Gruppen hielt jeden Sonntag ihre Versammlungen zu Ehren des Herrn der Finsternis ab, wobei jeder Teilnehmer Verse zur Verehrung Satans deklamierte. Man darf diese modernen Satanisten jedoch nicht allzu ernst nehmen. Der Teufelskult dieser ästhetischen Schwarmgeister bezweckte lediglich nur, die bourgeoisen Philister zu verblüffen und zu schockieren.

Die Persönlichkeit Satans ist bei den Romantikern unendlich vielgestaltig. Bei Lamartine ist Satan eine menschenfeindliche Gottheit. Alfred de Vigny hingegen hält den Teufel für die Verkörperung des Mitleids für die Verstoßenen dieser Welt.

Für Victor Hugo ist der Teufel das Symbol der physischen Gewalt. Hugos Teufel ist grauenerregend und schreckhaft, jener Th. Gautiers ist gutmütig und jovial. Für Quinet ist Satan der Ausdruck der sozialen Ungerechtigkeit, und für Madame Ackermann repräsentiert er das menschliche Streben nach Erkenntnis, wie auch ein Protest der Menschen gegen die göttliche Willkür. Ähnlich ist auch die Auffassung Flauberts und Renans. George Sand identifiziert Satan mit dem Stachel des Fleisches; in gleichem Sinne hält Michelet den Teufel für den Befreier und Erlöser des unterdrückten Geschlechtstriebes. So hat jeder von den Romantikern seine persönliche Auffassung von dem Geist des Bösen.

Die universelle Wirksamkeit gegensätzlicher Naturgewalten, der stete Wechsel von Tag und Nacht, von dem allesbelebenden Sommer und dem lebentötenden Winter spiegelt sich in den meisten Religionen wieder als Gegensatz wohltätiger, lichtvoller, göttlicher Wesen und unheilvoller, finsterer, dämonischer Mächte. Da das Gefühl menschlicher Ohnmacht, die Furcht vor dem Unbekannten die Triebkraft aller Religionssysteme ist, finden wir überall Kulthandlungen sowohl zu Ehren der Götter, wie auch der Dämonen.

Dieses Dualitätsprinzip, das uns in allen Religionsformen entgegentritt, erklärt allein aber noch nicht die Ausgestaltung des christlichen Teufels. Das Christentum ist seinem Wesen nach eine Jenseitsreligion. Die Sexualität, der Lebensgenuss in jeglicher Form, die irdischen Güter wurden daher von vornherein der Herrschaft des Dämons, dem Prinzip des Bösen, unterstellt. Die Hypostasierung dieses bösen Prinzips erfolgte erst im Laufe der nachfolgenden Jahrhunderte und ist das unbestreitbare Verdienst der katholischen Gottesgelehrsamkeit.

Gleich zu Beginn der biblischen Schöpfungsgeschichte tritt der böse Geist in Aktion. Im ganzen Alten Testament wird der Geist des Bösen doch selten erwähnt. Dessen Intervention wird nur in den Werken der Zauberei vorausgesetzt. Diese alte dämonische Vorstellungswelt ist in voller Stärke in die neutestamentlichen Schriften übergegangen, wie allein schon die vielen Fälle von Besessenheit beweisen, die in den Evangelien eine große Rolle spielen. In den Evangelien hingegen und in den übrigen Schriften, welche das Neue Testament bilden, wird der Dämon jedoch klar und bestimmt bezeichnet. Die zahlreichen Stellen des Neuen Testamentes, wo vom bösen Geist und der Zauberei die Rede geht, bilden die Grundlage der gesamten dämonologischen Lehre der Kirche. Auf ihnen sind auch die zahlreichen Arbeiten der Spezialisten des Teufelswesens aufgebaut. Diese Texte bilden das Gerüst, welches das komplizierte Gebäude der mittelalterlichen Dämonologie tragen muss.

Für die Entwicklungsgeschichte des Teufels sind einige Daten besonders von Belang, indem sie es ermöglichen, festzustellen, um welchen Zeitpunkt der Personifikation des Bösen jenes typische Gepräge gegeben wurde, das wir in späteren Jahrhunderten in konstanter Weise antreffen. In dieser Beziehung ist besonders der Canon Episcopi von besonderer Wichtigkeit. Die Entstehung dieses Dokumentes ist allerdings zeitlich nicht genau zu bestimmen. Del Rio und Boguet führen dasselbe auf das Konzil von Aquileja zurück, de Lancre seinerseits glaubt, dass dieser Canon auf dem Konzil von Ankyra aufgestellt wurde. Eine annähernde Datierung wird dadurch ermöglicht, dass dieser Text teilweise in den Kapitularien Karls des Kahlen aus dem Jahre 872 reproduziert worden ist, was beweist, dass man im 9. Jahrhundert als Phantasterei eine große Anzahl von Tatsachen hielt, die man in der Folgezeit für durchaus wirklich ansah. Dieses Dokument ist besonders deshalb von hoher Wichtigkeit, weil es beweist, dass zu jener Zeit die Kirche den Kundgebungen des Teufels und dem

Sabbattreiben keine Bedeutung beilegt. Dieser Glaube hat sich erst in späterer Zeit ausgebildet. Die römische Kirche hat sich lange Zeit gesträubt, die Wirklichkeit der Magie anzuerkennen. Im Jahre 1257 hatte das Heilige Offizium von Papst Alexander IV. die Erlaubnis nachgesucht, in Sachen der Magie und der Divination zu befinden. In der Bulle „Quod super nonnulis" gab der Papst den Inquisitoren bekannt, dass sie sich nicht durch derartige Geschäfte von dem ihnen übertragenen Amt ablenken sollten, das hauptsächlich in der Verfolgung und Ausrottung der Häretiker zu bestehen habe. Auf diesem Umwege sollte das Heilige Offizium sein Ziel erreichen, indem es fortan die Bekenner des Teufelsglaubens als Häretiker betrachtete und demgemäß behandelte. Diesen Kurs sanktionierte der magiegläubige Papst Johannes XXII. durch die Bulle „Super illius specula". Im Jahre 1374 endlich forderte der Papst Gregor XI. den Inquisitor von Paris auf, die Hexen und Zauberer zu verfolgen. Die Bulle „Summis desiderantes affectibus", welche Papst Innozent VIII. am 5. Dezember 1484 veröffentlichte, enthielt in nuce die gesamte spätere Dämonologie und bildete die theologische und juristische Grundlage zu den späteren Hexenprozessen. In dieser Bulle heißt es unter anderem: „Wir haben neulich nicht ohne große Betrübnis erfahren, dass es in einzelnen Teilen Oberdeutschlands und in den mainzischen, kölnischen, trierischen, salzburgischen, bremischen Provinzen und Sprengeln in Städten und Dörfern viele Personen von beiden Geschlechtern gäbe, welche, ihres eigenen Heiles uneingedenk, vom wahren Glauben abgefallen, mit dämonischen Inkuben und Sukkuben sich fleischlich vermischen, durch zauberische Mittel mit Hilfe des Teufels die Geburten der Weiber, die Jungen der Tiere, die Früchte der Erde, die Trauben der Weinberge, das Obst der Bäume, ja Menschen, Haus- und andere Tiere, Weinberge, Baumgärten, Wiesen, Weiden, Körner, Getreide und andere Erzeugnisse der Erde zu Grunde richten, ersticken und vernichten, welche Männer, Weiber und Tiere mit heftigen inneren und äußeren Schmerzen quälen und die Männer am Zeugen, die Weiber am Gebären, beide an der Verrichtung ehelicher Pflichten zu verhindern vermögen".
Deshalb trägt der Papst den beiden Inquisitoren für Süd- und Norddeutschland, Heinrich Institor und Jakob Sprenger, welche die Bulle am päpstlichen Hofe erwirkt hatten, auf, die Zauberer und Hexen in obengenannten Gegenden auszuspähen, zu bestrafen und auszurotten, wie sie nur wüssten und könnten.
Vorzüglich war es Sprenger, der den Hexenglauben in ein förmliches

System brachte und die Hexenprozesse formell begründete. Sein „Malleus maleficarum", der berüchtigte „Hexenhammer", wurde bald das Gesetzbuch in Hexensachen und regelte das ganze ordentliche gerichtliche Verfahren gegen die Hexen. Er zerfällt in drei Teile: Der erste handelt von der Hexerei im Allgemeinen; der zweite legt verschiedene Arten und Wirkungen der Hexerei dar und wie man diese wieder aufheben könne; im dritten ist das Gerichtsverfahren gegen die Hexen enthalten, ein förmliches Hexenprozessrecht. Hier wird zuvörderst die Zuständigkeit in dem Verfahren möglichst dem geistlichen Richter übertragen, da meist Hexerei und Ketzerei vermischt seien; in andern Fällen behält sich das geistliche Gericht vor, die Angeklagten dem weltlichen Richter zu überlassen. Dann wird in 35 Fragen erörtert, wie der Prozess anzufangen, fortzusetzen und das Urteil zu sprechen sei.

Der „Hexenhammer" war 1487 verfasst worden, wurde aber erst zwei Jahre später, 1489, in Köln gedruckt. Die theologische Fakultät von Köln, welche die Approbation zu diesem Werk geben sollte, wies in einem Gutachten darauf hin, dass dieses Übel hauptsächlich deswegen überhand genommen habe, weil die Beichtväter und die Prediger öffentlich von der Kanzel verkündet hätten, es gäbe keine Hexen und es wäre nicht möglich, dem Menschen durch Zauberei zu schaden, und dass es infolge dieser unbedachten Predigten dem weltlichen Gericht nicht möglich gewesen sei, derartige Verbrechen zu bestrafen". Diese Äußerung der theologischen Fakultät beweist aber nur, dass die Kirche damals offiziell nicht an die Wirksamkeit des Teufels glaubte.

Bei der in der Folge jetzt stetig zunehmenden Zahl von Hexenprozessen fällt allerdings die weitgehende Übereinstimmung in den Aussagen der Angeklagten und Zeugen über die Vorgänge des Sabbates, die Persönlichkeit des Teufels, die Prozedur des Teufelspaktes und dgl. auf. Diese Prozessakten scheinen einer von dem andern kopiert zu sein. Diese Einstimmigkeit der Aussagen rührt aber daher, dass jeder Hexenrichter nach einem bestimmten Schema seine Fragen zu stellen hatte, wie solches in den „Controverses magiques" von Del Rio enthalten ist. Durch die besondere Fragestellung der Inquisitoren wurde der in der Folter liegenden Inkulpatin die Antwort suggeriert. Diesbezüglich ist die folgende Bemerkung Soldans („Geschichte der Hexenprozesse", S. 276) von besonderer Bedeutung: „In burgfriedbergischen Akten von 1633 finde ich ein in 41 Artikeln abgefasstes Schema für die Generalinquisition beigefügt, worin nach allen Spezialitäten des Hexenwesens gefragt wird". Zur Zeit der

Hexenprozesse galt der Sabbat, der fleischliche Verkehr mit dem Teufel und dgl, für eine erwiesene, unbestreitbare Tatsache, deren Einzelheiten allgemein bekannt waren. In Theologen- und Juristenkreisen waren die grotesken Phantastereien des Sabbates der Gegenstand hochgelehrter Erörterungen, und das ungebildete Volk wurde von der Kanzel herab in diesem Wahnglauben unterhalten. Dies beweist u. a. der nachstehende Ausspruch eines zeitgenössischen Schriftstellers: „Welcher Mann oder welche Frau – heißt es bei Augustin Nicolas, – so dumm und bäuerlich sie auch immer sein mögen, kennt hinfüro nicht die kleinsten Einzelheiten von dem, was auf dem Sabbat geschehen soll? Es genügt eine halbe Stunde bei den Gevatterinnen an den Winterabenden oder an der Mühle oder am Backofen des Dorfes gelauscht zu haben, um von diesen Dingen beinahe ebenso viel zu wissen, als Remigius, Del Rio oder der Hexenhammer uns lehren können".

Jeder religiöse Glaube hat rituelle Zeremonien zur unvermeidlichen Konsequenz. Das Verhältnis des Menschen zu seinen Göttern findet stets in Worten, Handlungen und Zeremonien einen äußeren Ausdruck. Der primitive Mensch ist Abstraktionen abgeneigt und seine Gottesverehrung muss einen sinnfälligen Ausdruck finden. In dem Moment, wo man an die Existenz eines persönlichen Teufels und an sein Wirken glaubte, entstanden notwendigerweise auch die mannigfachen Zeremonien des Teufelskultes. Da das Messopfer als ein gottgefälliges Werk galt, so brachte man dem Teufel – als dem Gegner Gottes – eine ähnliche Zeremonie dar, die in einer Verhöhnung, in einer Profanierung des Messopfers bestand. Auf dem Sabbat, wo Satan gewissermaßen die Parade seiner Getreuen abhielt, wurde daher auch ihm zu Ehren eine dem Messopfer ähnliche Zeremonie dargebracht. Diesbezügliche Belege finden wir mannigfach in den Schriften der Dämonologen. Wir erwähnen nur ein Beispiel, das wir Delancre entnommen haben. Am 25. Mai 1598 wurde der 50jährige Pierre Aupetit, welcher als Pfarrer in dem Dorfe Fossas, unweit Chalus (Limousin), amtierte, zum Feuertode verurteilt, weil er auf der Folter bekannte, auf dem Sabbat die Teufelsmesse zelebriert zu haben.

Wir haben bereits angedeutet, dass Satan seine Existenz den mittelalterlichen Theologen verdankt. Alte Überlieferungen, volkstümliche Vorstellungen, abergläubische Wahnideen wurden in ein System gebracht, und so entstand jene schreckliche Wissenschaft der Dämonologie, der Tausende von Menschen zum Opfer fielen. Im weiteren Verlauf werden wir nachzuweisen versuchen, dass die sogenannte Teufelsmesse eine magische Zeremonie ist, die weit älter als der mittelalterliche Teufelsglaube ist und ihrem eigentlichen Wesen von diesem völlig verschieden ist. Auch die Profanierung konsekrierter Hostien und die gesamte Parodie des katholischen Messopfers ist ein belangloses Beiwerk, das mit dieser magischen Zeremonie ursprünglich nichts gemein hatte.

Wenngleich im Messopfer Christus auf das Wort des Priesters hin auf den Altar herniedersteigt und wir dasselbe somit als Zeremonie der symbolischen Magie ansehen dürfen, so kann doch berechtigterweise jene besondere Zeremonie, die man als schwarze oder Teufelsmesse bezeichnet, nicht mit dieser rituellen Feier in Verbindung gebracht werden, denn beide sind ihrem Sinn und Wesen nach völlig von einander verschieden und ihre Herkunft liegt zeitlich weit auseinander. In der Entwicklungsgeschichte des katholischen Messopfers sind drei bestimmte Phasen zu unterscheiden.

Ursprünglich besaßen die gemeinsamen Mahlzeiten der christlichen Gemeinschaft noch nicht den Sinn einer Gedächtnisfeier des Todes Christi. Im römischen Reich bestand der Brauch, dass sich die Angehörigen desselben Standes zu bestimmten Zeiten zu gemeinsamen Mahlzeiten zusammenfanden. Gemäß diesem allgemeinen Brauch vereinigten sich auch die ersten Christen zu gemeinsamen Mahlzeiten, um Gott, dem Nährvater aller, für seine Gaben zu danken. Die Juden pflegten ihre Mahlzeiten durch ein Gebet zu heiligen. Am Sabbat oder an Feiertagen war diese Danksagung durch besondere Gebete ausgezeichnet und von einer Zeremonie begleitet, die darin bestand, eine mit Wein gefüllte Schale zu segnen, aus der dann alle tranken. Das war der „quiddouch". Da die ersten Christen ehemalige Juden oder Bekenner des Judentums waren, führten sie diesen Brauch auch nach ihrer Bekehrung fort. Ein Anklang an diese Quiddouch-Feier finden wir übrigens im Lukas-Evangelium (22, 17), wo es heißt: „Und er nahm den Kelch, dankte und sprach: Nehmet denselbigen und teilet ihn unter euch".

Anderseits waren diese Gastmähler der ersten Christen eine Gelegenheit zur Betätigung der die Gemeinde verbindenden Liebe, indem jeder Teilnehmer entsprechend seinen Mitteln Viktualien zu dem Mahle mitbrachte, welche alsdann gemeinsam genossen wurden. In diesem Sinne erhielten die Gastmähler die Bezeichnung „Agapen", d. h. Liebesmahl. Tertullian bezeugt diesen Brauch, indem er die Christen in seiner „Apologie" gegen die Anklage in Schutz nimmt, dass die Liebesmähler Anlass zu wüsten Orgien gäben. Als abendliche und geschlossene Versammlungen erregten diese Veranstaltungen den Argwohn der Heiden.

Da diese Agapen in der Folge jedoch entarteten, wurden sie seit dem 4. Jahrhundert von Kirchenvätern und Synoden ganz abgeschafft. Der Ausdruck Eucharistie bezeichnete ursprünglich das Dankgebet bei diesen Liebesmählern. Später wurde dieser Name auf die Mahlzeit selbst übertragen, und in der großen Apologie des Justinian (66, 1) heißt es: „Diese Nahrung wird bei uns Eucharistie genannt". Bis man unter Eucharistie den wahren Leib und das wahre Blut Christi verstand, verging aber noch eine lange Zeit.

In der zweiten Phase entwickelten sich diese Liebesmähler mit den damit verbundenen Dankgebeten zu einer Gedächtnisfeier Jesu und seines Opfertodes. Die wirkliche Anwesenheit Christi bei diesen Abendmahls-feiern ist aber damals noch nicht in den Lehren der Kirchenväter enthalten. Diese Phase erstreckt sich ungefähr vom 3. bis über das 9. Jahrhundert hinaus.

Die Lehre von der wirklichen Gegenwart Christi unter der Gestalt von Brot und Wein entwickelte sich erst in der dritten Phase. Diese erstreckt sich vom 9. bis zum 12. Jahrhundert. Den ersten Anstoß hierzu gab 844 der Mönch Paschase Radbert, der wegen dieser Lehre anfänglich sehr bekämpft wurde. Der von Radbert angestrebte Umschwung in der kirchlichen Lehrmeinung vollzog sich erst viel später, und während des ganzen 10. Jahrhunderts war die traditionelle Doktrin vorherrschend. Diese neue Tendenz setzte sich erst durch, als Berenger von Tours, der Radberts Lehre heftig bekämpfte, auf dem Konzil von Rom im Jahre 1050 von Leo IX. verurteilt wurde und die Verurteilung auf den beiden späteren Konzilen von 1059 und 1079 bestätigt wurde. Gegen 1150 gab Roland Bandinelli, der später Papst ward unter dem Namen Alexander III., dieser Verwandlung von Brot und Wein in das Fleisch und Blut Christi die Bezeichnung Transsubstantiation, die auf dem vierten Laterankonzil im Jahre 1215 offiziell anerkannt worden ist.

Die moderne Messe der katholischen Kirche, in welcher Christi als Sühneopfer auf dem Altar zugegen ist, ist völlig verschieden von der antiken Messe, die nur eine Gedenkfeier dieses Opfertodes war. Diese Gedenkfeier ist wiederum verschieden von dem ursprünglichen Liebesmahl der ersten Christen, das keineswegs den Sinn einer Gedenkfeier des Kreuztodes auf dem Kalvarienberg hatte.

Die Ausbildung des Ritus der katholischen Messe ist daher zeitlich genau bestimmbar. Wir werden deshalb weiterhin nachweisen, dass Praktiken, die mit der sogenannten schwarzen Messe wesensverwandt sind, bereits

Jahrhunderte vorher in Übung standen, sowie dass diese Praktiken Rudimente ursprünglich magischer Riten waren. Der Ursprung der sogenannten schwarzen Messe ist zeitlich nicht bestimmbar, weil eben dieser ursprünglich magische Ritus im Laufe der Jahrhunderte fortwährend verkümmerte und entstellt worden ist. So viel steht jedenfalls fest, dass der Ursprung der schwarzen Messe nicht gegen das Jahr 1000 anzusetzen ist, wie dies P. Christian in seiner „Histoire de la Magie" tut. Um diese Zeit hatten die Propheten wieder einmal den Untergang der Welt angekündigt. Tatsächlich entstand infolge anhaltender Missernten und Viehseuchen eine schreckliche Hungersnot, die bald von einer Pestepidemie gefolgt war. Die Menschheit glaubte sich von Gott verlassen, und aus Verzweiflung flehte sie zum Teufel und brachte ihm Messen dar. Wenngleich diese Hypothese nicht haltbar ist, so ist immerhin der erwähnte Zeitpunkt beachtenswert. Um das Jahr 1096 begannen die Kreuzzüge, die sich bis gegen Ende des 13. Jahrhunderts hinzogen. Die kulturellen Auswirkungen der Kreuzzüge waren mannigfacher Art. So wurde u. a. das Abendland mit dem Geistesleben des Orients bekannt gemacht. Religiös-mystische Lehren des Orients wurden nach dem Abendland verpflanzt, und in der Folge entstanden hier eine Anzahl von Sekten, die von der alles beherrschenden römischen Kirche als Häretiker bezeichnet wurden. Infolge der Kreuzzüge entstanden aber auch drei geistliche Ritterorden, wovon namentlich der Orden der Tempelherren erwähnt werden muss, weil innerhalb desselben die Geheimlehren des Orients eine gewisse Rolle spielten, die dokumentarisch festzustellen ist.
Papst Clemens V. hob den Tempelherren-Orden durch eine Bulle vom 22. März 1312 auf. Mit der Aufhebung des Ordens waren nicht dessen Mitglieder vernichtet. Sie traten entweder in den Johanniterorden ein und zogen sich, soweit sie dem Adel angehörten, auf die Schlösser ihrer Verwandten zurück. Es ist leicht zu verstehen, dass sie unter diesen sowohl für ihre gnostischen Theorien, als auch für ihre magischen Praktiken willige Schüler fanden. In Portugal bestand der Orden unter dem Namen Christusorden, in Schottland unter dem Namen Ritter von der Distel fort.
Die Güter der Templer wurden in Frankreich, in Kastilien und einem Teil von England von der Krone eingezogen, in Aragonien und Portugal aber dem Orden von Calatrava, in Deutschland den Johannitern und Deutschen Rittern überwiesen. Sonderbarerweise sind die Archive der Templer nicht aufgefunden worden. Die Archive und Ordensgeheimnisse sollen einem gewissen de Beaujeu, einem Neffen des Ordensgroßmeisters Jacques de

Molay, anvertraut worden sein, der sich mit einigen Ordensmitgliedern in Schottland niederließ, wo Eduard II. ihre Niederlassung genehmigte und ihnen ein größeres Besitztum schenkte. Nach der Aufhebung des Ordens wirkte er im Geheimen. Gleich wie der Großmeister de Molay auf dem Scheiterhaufen den Papst Clemens V. und den König Philipp le Bel verfluchte und ihren baldigen Tod voraussagte, so soll gemäß einer Legende, die sich in vielen einschlägigen Schriften vorfindet, die französische Revolution und die Hinrichtung Ludwigs XIV. die Rache der Tempelherren gewesen sein.

Die geheimen Zeremonien der Templer sollen eine auffallende Ähnlichkeit mit den obszönen Gebräuchen des Teufelskultes gehabt haben, wie wir sie vom Hexensabbat her kennen. Über die Aufnahmezeremonie finden wir in Abs. 11-13 der „Geheimstatuten des Ordens der Tempelherren", deren Echtheit freilich nicht ganz zweifelsfrei erwiesen ist, folgende Angaben: „Zu festgesetzter nächtlichen Stunde, bekleidet als Auserwählte und mit dem Gürtel gegürtet, versammelten sich die Brüder. Nach Schluss des Psalms „Wie schön sind deine Hütten . . .", wird der Aufzunehmende gefragt, wer er sei, und das zur Kenntnis gebracht, was über sein Wissen und seine Bekehrung verlautbar geworden ist. Haben die Stimmen aller Anwesenden ihn der Aufnahme würdig erfunden, so wird dem Einführer nebst zwei Zeugen der Auftrag erteilt, den Genannten in das Kapitel zu bringen. In einem entlegenen Gemache nehmen diese drei demselben einen schweren Eid mündlich und schriftlich ab, in dem er verspricht, unter Strafe ewigen Gefängnisses und selbst des Todes immer alles das geheim zu halten, was mit ihm bis zu seiner Aufnahme geschehen wird. Nach abgelegtem Eide wird er, bis auf Hemd und Hosen entkleidet, an die Türe des Kapitels geführt. Hier oder, wenn es den Aufnehmenden beliebt, hinter dem Altar, sollte sich einer oder beide Zeugen entblößen und der Einführer dem Kandidaten befehlen, die Zeugen auf den Mund, den Nabel, das Ende des Rückgrates oder sogar auf das männliche Glied zu küssen, je nach dem Willen des Aufzunehmenden . . . usw."

Diesbezüglich schreibt auch Jules Garinet in seiner „Histoire de la Magie en France" (S. 78-79): „Bei der Aufnahme in den Orden soll der Postulant in einen dunklen Raum geführt worden sein, wo er Christus abschwören und dreimal auf das Kruzifix spucken musste; alsdann musste der Novize den ihn begleitenden Ordensbruder auf den Mund und in fine spinae dorsi et in virga virili küssen. Es heißt auch, dass die Templer in ihren Kapiteln ein goldenes Götzenbild mit Menschenkopf verehren sollen, dessen Augen aus zwei Karfunkelsteinen bestanden. Weiterhin wurden sie beschuldigt ein Gelübde abzulegen, wodurch sie zur Sodomie und Päderastie verpflichtet waren".

Ferner weiß Garinet zu berichten: „Im Languedoc haben drei Ordenspriore auf der Folter eingestanden, mehreren Ordenskapiteln beigewohnt zu haben. In einer dieser Versammlungen, welche nächtlicherweile zu Montpellier abgehalten wurde und wobei die übliche Verehrung des Götzenbildes stattfand, erschien der Teufel in Gestalt einer mächtigen Katze und habe sich mit den Anwesenden unterhalten. Darnach erschienen mehrere Dämonen in Gestalt nackter Weiber, die sich den Ordens-mitgliedern hingaben".

Wenngleich Marquis Saint-Yves d´Alveydre in seinem Buche „La France Vraie" die Templer verherrlicht und sie als die Träger der orthodoxen esoterischen Tradition preist, so stellt sich Marquis Stanislas de Guaita dem entgegen in seinem „Temple de Satan" und weist nach, dass deren esoterische Doktrin lediglich auf den Manichäismus zurückzuführen ist.

Das System des Manichäismus charakterisiert sich durch den ausgeprägten Dualismus, d. h., es beruht auf der Voraussetzung zweier von Ewigkeit zu Ewigkeit räumlich nebeneinander bestehender, sich direkt entgegen-gesetzter Grundwesen. Die Sittenlehre der Manichäer gebot strengste Askese und vornehmlich die Beachtung folgender drei Verbote: Verbot des Genusses von Fleisch und Wein; Verbot Tiere zu töten und Pflanzen zu beschädigen; Verbot aller Geschlechtslust.

Nach altmanichäischer Lehrweise ist „Hawwa", das „schöne Weib", ein Erzeugnis des dämonischen Archonten, des bösen Urwesens, und eines der ihm beigesellten weiblichen Unholde. Diese doktrinäre Besonderheit macht die Auffassung verständlich, weshalb das Weib als unrein und dämonisch galt, und wirft ein grelles Licht auf die Beschuldigung, dass die Templer der Sodomie und Päderastie gefrönt haben sollen.

Der Manichäismus seinerseits steht in innerem Zusammenhange mit der Lehre der Gnostiker. Gnosis heißt seiner Wortbedeutung nach Kenntnis oder Erkenntnis. Seinem innersten Wesen nach bildet die Gnosis eine Geheimlehre, in die man eingeweiht werden musste. Sie bezweckte die tiefere Einsicht in den inneren Zusammenhang einer religiösen Gedankenwelt und war infolgedessen zuletzt geradezu eine esoterische Religionslehre im Gegensatz zu dem Autoritätsglauben der nur die symbolische Hülle der Ideen festhaltenden Menge. Die Gnosis im allgemeinen stellt den Versuch dar, das Christentum umzugestalten nach der Form der antiken Mysterien und es in einem neuen Mysterienkultus als die Vollendung und tiefere Wahrheit der allen gnostischen Systemen zu Grunde liegenden Naturreligionen erscheinen zu lassen. Bei der Mannigfaltigkeit der gnostischen Systeme bestehen auch mannigfache doktrinäre Unterschiede. Es ist nicht möglich, an dieser Stelle eine Geschichte der gnostischen Sekten auch nur zu skizzieren.

Für unseren Zweck genügt die Feststellung, dass in all diesen Sekten das Dualitätsprinzip in mehr oder minder klarer Formulierung vorzufinden ist, sowie auch, dass die Geschlechtsliebe als unrein und dämonisch gilt. Der Gnostizismus ist aber nicht nur eine Geheimlehre, sondern sucht auch durch magische Praktiken das Erlösungswerk zu vollbringen. Während ein Teil der Gnostiker das Einswerden mit dem Urquell des Geistes durch strenge Askese zu erreichen glaubte, suchten einzelne Parteien dasselbe Ziel auf dem umgekehrten Wege zu erreichen durch ungezügelte Befriedigung der Geschlechtsliebe.

Die schwarze Messe war ursprünglich ein Ritus der Sexualmagie. Ebenso wenig wie diese Zeremonie eine innere und notwendige Beziehung zu dem späteren Satanismus und eine Profanierung des katholischen Messopfers zur unerlässlichen Voraussetzung hatte, wie wir im Vorhergehenden anhand geschichtlicher Daten darzulegen versucht haben, ebenso wenig darf der Sexualakt als Selbstzweck bei diesen rituellen Handlungen angesehen werden. Diese Auffassung kann sich auf gewisse indische Religionsgebräuche berufen, die wir als Gegenstück der schwarzen Messe des Abendlandes ansehen können.

Lamairesse (Le Kama-Soutra, Regles de Vatsyayana) beschreibt die Gebräuche einer indischen Sekte, die bei ihren geheimen Orgien die Sakti, die sinnliche Offenbarung Sivas in weiblicher Form, anbeten. Die Sakti wird meist durch die Frau eines Anwesenden dargestellt. Sie wird nackt auf einen Altar gelegt, und von einem der Teilnehmer wird an ihr das Opfer durch den Koitus vollzogen.

Diese Zeremonie endet gewöhnlich mit einer allgemeinen Begattung, in der jedes Paar Siva und seine Sakti repräsentiert und mit ihnen identisch ist. Aufgegangen in den Gedanken an die Gottheit und ohne Befriedigung der Sinne zu suchen, muss der Gläubige diese Handlung vollziehen. Die Vorschriften dieser Sekte sollen eine erhabene Moral, ja sogar Askese lehren!

Bei den Kauchiluas, einer andern Sakti-Sekte, warfen die am Gottesdienst teilnehmenden Weiber einen kleinen Schmuckgegenstand in einen vom

Priester verwahrten Kasten. Nach Beendigung der religiösen Feier nimmt jeder der männlichen Teilnehmer eines dieser Stücke heraus, worauf die Besitzerin sich bei den nun folgenden zügellosen geschlechtlichen Ausschweifungen sich ihm hingeben muss, selbst wenn sie seine eigene Schwester wäre. Derartige Liebesfeste haben sich in Indien bis auf die heutige Zeit erhalten.

Ähnliche Zeremonien finden wir auch im alten Griechenland vor. Zu Athen, Korinth, auf der Insel Chios und anderswo bestand die Sekte der Bapten, die nächtlicherweile die Mysterien der Kottytot, der thrakischen Venus, begingen. Man gab sich dabei Ausschweifungen hin, um der Gottheit zu dienen und ihr Wohlwollen zu erlangen.

Der Geschlechtskult ist der ursprünglichste aller Kulte. Er entstammt der einfachen Beobachtung der lebensspendenden Macht der Zeugungsorgane. Der Phalluskult ist bei allen Völkern des Altertums nachzuweisen; er existierte im alten Mexiko und ist auch noch heute bei Naturvölkern vorzufinden. Auch in Phönizien war der Phalluskult in Ehren, man verband ihn mit dem der Astarte. In Biblos verehrte man in demselben Tempel Adonis und die phönizische Venus. In Griechenland finden wir das phallische Element in den Dionysien, in den Festen der Ceres und einiger andrer Gottheiten. Bei den Römern war die Zahl der Geschlechtsgötter besonders umfangreich. Aus politischen Gründen übernahmen die Römer die Gottheiten der besiegten Völker und widmeten ihnen von Staatswegen einen Kult. Die meisten dieser Anbetungsobjekte waren aber Symbole der Fruchtbarkeit und des Geschlechtsleben, und demgemäß trugen auch die religiösen Zeremonien sexuellen Charakter.

Der Geschlechtskult verlor sich auch in der christlichen Kirche nicht, jedoch den neuen Verhältnissen entsprechend wurde er in christliche Vorstellungen eingekleidet. Es ist gewissermaßen ein geschichtliches Gesetz, dass jede neue Religion niemals völlig und ganz die Gottheiten der früheren Kultformen verdrängen kann, an deren Stelle sie getreten ist und sie zu bekämpfen versucht. Diese Gottheiten werden notwendigerweise aus der Vergangenheit übernommen, nur wird ihnen ein verderblicher und bösartiger Charakter zugeschrieben und die renitenten Verehrer dieser besiegten Gottheiten werden aller Laster und Greueltaten bezichtigt. Eine weitere Folge ist, dass die Gläubigen der verdrängten Kultform diese insgeheim pflegen, zu diesem Zwecke geschlossene Gesellschaften gründen, in die man erst nach gewissen Prüfungen und einer besonderen Einweihung aufgenommen werden kann. Hierauf ist das Entstehen des antiken Mysterienwesens zurückzuführen, wie auch das der mittel-alterlichen Sekten. In diesen geheimen Gesellschaften fanden esoterische Überlieferungen und magische Riten eine besonders wirksame Pflege. Das konnte man besonders beobachten in den ersten christlichen Jahrhunderten; dies war aber auch bereits früher der Fall. Wir verweisen nur auf jene Stellen des Alten Testamentes, wo Israel vor den Greueltaten der Baalsdiener gewarnt wird.

Die Baale waren ursprünglich Lokalgottheiten der Phöniker. Da die Phöniker nie eine staatliche Einheit gebildet haben, gab es lange Zeit keinen obersten Gott Baal. Diese Vorstellung bildete sich erst viel später aus. Dem Baal war eine weibliche Baalat beigesellt. Dieses Götterpaar, als Symbol des männlichen und weiblichen Prinzips, repräsentierte die Fruchtbarkeit, die Zeugung, das Leben.

Bel war die babylonische Form für Baal. Es war nicht nur üblich, Baal nach der Ortschaft zu bezeichnen, wo er verehrt wurde, sondern hinzutretende Genitive konnten gelegentlich auch die Eigenschaft bzw. die Betätigung des Baals zum Ausdruck bringen. Gemäß dem vorhin erwähnten Grundsatz der Religionspolitik, wonach die verdrängten Götter in Verruf gebracht werden, ging der Baal-zebub durch Vermittlung der Bibel sogar in den modernen Sprachgebrauch über als der bekannte Teufel Belzebub.

Ein neuerer Schriftsteller, Jean Lignires, will sogar im Hexensabbat und in der schwarzen Messe ein Rudiment des früheren Kultes zu Ehren des Bel-phegor erblicken.

Über diesen Bel-phegor gibt uns J. Colin de Plancy in seinem „Dictionnaire Infernal" folgende Auskunft: „Belphegor, Dämon der Erfindungen und Entdeckungen. Nimmt häufig die Gestalt eines jungen Weibes an; verleiht Reichtum. Die Moabiter nannten ihn Baalphegor und verehrten ihn auf dem Berge Phegor. Die Rabbiner lehren, dass man ihn in hockender Stellung bei Verrichtung eines natürlichen Bedürfnisses verehrte und ihm das ekelhafte Produkt der Verdauung darbrachte. Das war seiner würdig. Diesetwegen halten verschiedene Gelehrte Belphegor für identisch mit dem Gotte Crepitus. Der Gott Crepitus war ägyptischer Herkunft. Er wurde dargestellt als ein Kind in hockender Stellung, das bei Verrichtung eines leiblichen Bedürfnisses sich den Bauch mit beiden Händen presst. „Die Ägypter – belehrt uns Clemens von Alexandrien – halten die Winde des Körpers für Gottheiten". (Aegyptos crepitus ventri pro numinibus habent.) Bei dem hl. Hieronymus heißt es: „taceam de crepitu ventris inflati, quae pelusiaca religio est". Obgleich ägyptischer Herkunft, wurde der Gott Crepitus auch

39

bei den Römern verehrt und nahm eine Ehrenstelle auf dem Altar der Hausgötter ein. Ihm zu Ehren war außerhalb der Mauern Roms, unweit der Quelle der Egeria, eine Kapelle errichtet worden.

Selden, den auch Banier erwähnt, behauptet, dass man Bel-phegor Menschenopfer darbrachte und dass dessen Priester Menschenfleisch verzehrten. Wierus bemerkt, dass dieser Dämon den Mund stets weit offen stehen hatte. Diese Auffassung ist wohl darauf zurückzuführen, dass der Name „Phegor", gemäß Leloyer, Schlitz oder Spalt bedeuten soll, und auch weil man ihn in Höhlen verehrte und die Opfergaben durch Felsspalten hinunterwarf."

Die beim Kulte des Bel-phegor beobachteten Zeremonien scheinen in der Hauptsache in Entblößungen und mannigfachen Obszönitäten bestanden zu haben. Der Hl. Augustinus weiß zu berichten, dass die Priester und Priesterinnen des Belphegor bei ihren Kulthandlungen nackt waren und dass bei diesen Gelegenheiten auch Menschenopfer dargebracht wurden.

Nach der Auffassung Lignires soll der Hexensabbat, die schwarze Messe und alle ähnlichen Praktiken nur ein verkümmertes Überbleibsel des Belphegor-Kultes sein. Dieser Belphegorkult mit seinen Entblößungen, Tänzen und sexuellen Orgien soll ein magischer Ritus gewesen sein zur Aktivierung mediumistischer Kräfte. Wenngleich Lignires keine überzeugenden Beweise vorbringt, dass es bei diesen Zeremonien tatsächlich zu einem Verkehr mit Geistwesen kam, im Sinne unserer heutigen Spiritisten, und zudem auch kein zwingender Grund zu dieser Annahme vorliegt, so ist doch die Annahme berechtigt, dass diese infolge einer groben Empirik ausgebildeten Praktiken die Erweckung latenter Seelenkräfte und deren Betätigung zu egoistischen, materiellen Motiven bezweckten.

Nachdem wir den Sinn dieser kulturell-magischen Riten kennen gelernt haben, bleibt noch die Frage zu beantworten, ob dieselben eine tatsächliche Wirksamkeit haben. Dies wird im Buch „Über die wahre Sexualmagie" von Hohenstätten ausführlich behandelt.

Von Dämonen, Sukkuben, Inkuben
und Vampyren

Gibt es Dämonen? Können Sukkuben oder Inkuben in der Stille der Nacht an unsern Lebenssäften zehren? Ist es möglich, dass gewisse Personen nach ihrem Tode periodisch als Vampyre ein grauenhaftes Scheinleben führen und die Kraft dazu aus dem Blute ihrer Opfer schöpfen? Kommt der Teufelsgestalt, wie sie besonders das Mittelalter als unleugbare und dämonische Erscheinung anerkannte und fürchtete, eine greifbare Wirklichkeit zu? Ist es denkbar, dass auch heute noch, im Zeitalter der „Aufklärung", des ungeheuren, allerdings rein materiellen Fortschrittes, derartige Wesen einer „unter"- oder „über"-sinnlichen Welt existieren, seien es nun individuelle oder eigenlebige Intelligenzen, verkörperte Gedankenformen von einer bestimmt polarisierten und mehr oder weniger lang dauernden Wirkungsmöglichkeit, oder sogenannte „Astrallarven" mit einem intelligenzvortäuschenden Automatismus, die eine Möglichkeit besitzen, in der irdischen Lebenssphäre tätig zu werden? Kommt diesen „albernen Ammenmärchen" eine wirkliche Bedeutung zu, greifen in unser Leben geheimnisvolle, uns misswollende Kräfte und Intelligenzen ein oder handelt es sich bei all dem Obengenannten nur um die Ausgeburten einer krankhaft gesteigerten Phantasie, um Massensuggestion oder um einen gänzlich unbegründeten, verrückten Aberglauben, über den man pflichtschuldigst nur überlegen zu lächeln und die Achseln zu zucken hat? Dies sind Fragen, auf die hier näher eingegangen werden soll. Seit altersher findet man bei allen Völkern den unausrottbaren Glauben an dämonische Mächte, an böse Geister, an Vampyre, an Inkuben, Sukkuben usw. In allen Religionssystemen aller Zeiten kommt das Prinzip des Dualismus, der „Polarisation" klar zum Ausdruck: Einem guten, schöpferischen, erhaltenden Element wird ein böses, tötendes, zerstörendes gegenübergestellt. Darf uns dies wundernehmen? Wo Licht ist, gibt es, wenn sich ein Körper in seinen Strahlenweg stellt, auch den Schatten. Aus dem unendlichen, zeitlosen „Nichts", dem neutralen „Chaos" (=Akasha) scheiden sich das Positive und das Negative, das Geistige und das Materielle, das männliche und das weibliche Prinzip, das Gute und das Böse. Unsere Erscheinungswelt, unser Leben sind nur im Wechselspiel des Dualismus, des kosmischen Polarisationsgesetzes, denkbar und möglich.

Der große kantische Satz, dass die Welt vollkommen empirische Realität und dennoch transzendentale Idealität besitzt, drückt dieses Prinzip der Dualität in rein philosophischer Form aus.

Jede Daseinsmöglichkeit basiert auf dem kosmischen Grundgesetz der neutralen, positiven-negativen Einheit, jede Daseinserscheinung auf dem Polarisationsgesetz (Dualismus, Gesetz der Zweiheit) und jede Daseinsentwicklung auf dem Gesetz der Dreiheit. Die Notwendigkeit der Existenz negativer Prinzipe, die unfehlbar zur Geltung kommen müssen, sobald positive Faktoren auftreten, ergibt sich aus dem vorerwähnten Grundgesetz der „Bewegung" von selbst. Denn – jeder in die Geheimwissenschaften Eingeweihte weiß dies – alles Existierende ist Bewegung. Sowohl das Geistige wie das Körperliche – dieses allerdings nur eine Grobform des ersteren – ist Bewegung. Daraus ergibt sich aber der schwerwiegende Schluss, dass Negatives solange bestehen muss, als Positives existiert, und dass beide untrennbar von einander abhängen. Positives ohne Negatives, Gutes ohne Schlechtes, Glück ohne Leiden kann es nicht geben, solange die „Ruhe" nicht erreicht ist, der Zustand des Gleichgewichts, der göttlichen „Nichtexistenz", welche die Inder Nirwana nennen.

Nach dieser kurzen Abschweifung auf das Gebiet philosophischer Spekulation, welche die allgemeine Notwendigkeit des gleichzeitigen Bestehens positiver und negativer Prinzipe beweisen sollte und ipso facto dasjenige dämonischer, böser, lichtfeindlicher Mächte neben göttlichen, lebenerhaltenden und guten Kräften, soll zunächst einiges über die Dämonen und Satan gesagt werden.

Das Aussehen der Dämonen ändert sich mit der Zeitepoche, in der sie sich äußern; man kann wohl nicht gut sagen, in der sie leben! Es verhält sich damit wohl ähnlich wie mit den Massengedankenformen, die den Einflüssen der Evolution oder Dekadenz unterworfen sind und, schon an und für sich äußerst plastisch, häufig ihre Form ändern, wie den hellsehenden Personen bekannt ist. Man wird wohl überhaupt nicht allzu fehlgehen, wenn man annimmt, dass ein großer Teil der Dämonen nichts anderes darstellt als äußerst stark potentierte und eigenlebig gewordene schlechte Gedanken (Wünsche), die eine gewisse Entwicklung oder Veränderung mitmachen, welche in ihrem Aussehen oder ihrer Form zur Geltung kommt.

Es ist nicht uninteressant zu sehen, wie verschieden alte Autoren den Satan und die Dämonen darstellen oder auffassen. Der vor nicht allzu langer Zeit

42

verstorbene Verfasser der „Anthologie de l'Occultisme", Grillot de Givry, hat diesbezüglich wertvolle Studien gemacht. In den „Histoires prodigieuses tirees de divers auteurs", erschienen in Paris 1575, zeigt uns Pierre Boaistuau Seine Majestät Satan auf einem Throne sitzend, mit Füßen wie die eines ungeheuren Raubvogels. Die Hände sind schuppig, laufen in spitze Krallen aus und gleichen den Füßen großer Echsen. Sein Gesicht ist mit einem ausdruckslosen Lächeln dargestellt, das angesichts des Restes der Gestalt unheimlich anmuten muss. Auf dem Kopf trägt er eine Art Tiara. Seine Brust ist spitz und herabhängend wie die einer alten Hexe. Unter dem Nabel sieht man ein zweites, katzenähnliches Gesicht, das den Ansatz eines spitz zulaufenden, rattenartigen Schwanzes maskiert, der bis zum Boden reicht und das ein Hohn auf den Grundsatz der Smaragdtafel des Hermes „Was unten ist, ist wie das, was oben ist . . ." zu sein scheint. Dieses Bild des Fürsten aller Dämonen ist noch das klassische des frühen Mittelalters zu nennen. Allmählich wird er zum Weltmann, kleidet sich in Samt und Seide und wird schließlich zum wohlbekannten sarkastischen Typus des Goethe'schen Mephistopheles. Ein ausgezeichnetes Bild dieses Dämons findet man in dem Album von Moritz Retsch „Umrisse zu Goethe's Faust" (Stuttgart 1834). Auf dem Bilde der Hexenküche z. B. sehen wir Mephistopheles lang in einem Lehnstuhl ausgestreckt, mit dem Degen zur Seite, die lange Hahnenfeder auf dem Hute. In der Hand hält er einen Fächer, der aus einem Fledermausflügel verfertigt ist. Sein bartloses Gesicht hat den Ausdruck eines unerbittlichen, höllisch-höhnischen Lächelns. Von diesem Detail abgesehen, ist es ein nicht unangenehmer Satan, der in der besten Gesellschaft verkehren könnte. Anders ist es mit seiner zahllosen Gefolgschaft.

Der berühmte Arzt des Herzogs von Cleves, Johann Wier, der im 16. Jahrhundert lebte und sich viel mit der Dämonologie befasste, gibt uns als Gesamtzahl der Dämonen 7 Millionen 409 Tausend 127 an, die unter dem Befehl von 79 Prinzen stehen. In einem anonymen Werk, das aber scheinbar nicht mit Unrecht Fromenteau zugeschrieben wird und sich „Le Cabinet du Roy de France" betitelt, wird die Zahl etwas abgeändert mitgeteilt und behauptet, dass die Sippe der Hexen und Hexenmeister 72 Prinzen der Hölle dem Namen nach kenne, denen 7 Millionen 405 Tausend 920 Dämonen unterstellt seien. Interessant ist auch eine andere Angabe, die von 6 Legionen zu je 66 Kohorten mit je 666 Kompagnien zu 6666 Individuen spricht. Jedenfalls hat die Zahl 6 hier eine ganz besondere Bedeutung.

Nach einer alten Formel findet man die Anzahl der Dämonen, wenn man die große pythagoräische Zahl 1234321 mit 6 multipliziert, was 7,405,926 ausmacht und sich beinahe genau mit der von Johann Wier angegebenen Zahl deckt.

Jeder dieser Dämonen hat seinen eigenen Namen, der mitunter höchst eigenartig ist; sicher würde es die Mühe lohnen, ihn auf seine Ethymologie hin zu untersuchen. Das Alte Testament gibt uns verschiedene böse Geister oder Dämonen mit Namen an. Es seien hier nur Satan, Leviathan, Belial oder Bel und der Inkubus Asmodi zitiert. Das Neue Testament hat den von Christus selbst genannten Belzebub hinzugefügt. In der Offenbarung Johannis finden wir Abaddon, den Engel der Zerstörung, das Haupt der Dämonen der siebenten Dynastie. Die Araber haben in ihrem Fegefeuer Adhab-Algab die beiden schwarzen, bösen Geister Munkir und Nekir, welche dort die Seelen zu quälen haben. Sie nennen uns auch den fürchterlichen Sachra Elmarid, der von König Salomo auf dem Berg Dubavend in Ketten gelegt wurde.

Die christlichen Dämonologen kennen unter anderem Pursam, Bael, Zapan, Byleth, Paymon usw. In der berühmten Besessenheitsaffaire von Loudun, von der später gesprochen werden soll, treten die Namen Leviathan, Issacharon und Balam auf. Die gleichfalls bekannte Ursulinerin Magdeleine de Mandols la Palud, die von dem Abt Gaufridy mittels eines in einer Nuss eingeschlossenen Liebeszaubers verführt wurde, hatte geradezu entsetzliche Anfälle von Besessenheit. Während dieser Krisen gab sie Lucifer als den obersten der Seraphins, Belzebub als den zweiten, Leviathan als den dritten und schließlich Sankt Michael als den vierten der erschaffenen Geister an. Sie nannte die Namen von 24 bösen Geistern, die sie besessen machten, die von vorn durch ihren Mund in den Körper eintraten und denselben rückwärts verließen.

Die in dem damals größtes Aufsehen hervorrufenden monstruösen Prozess Urbain Grandier zitierten Dämonen hatten mitunter die seltsamsten Namen, von denen hier nur wenige genannt seien: Acaos, Nephtalius, Axaphat, Zabulon, Agaliarept, Valefar, Glasybolas etc.

Der englische Dämonologe Francis Barrett gibt in seinem recht selten gewordenen merkwürdigen Werk „The Magus" (London 801) die Porträts einiger dieser Dämonen, die zum Teil grässliche Physiognomien aufweisen und wohl geeignet wären, durch ihr Erscheinen selbst einem mutigen Mann das Gruseln zu lernen. Alle diese Dämonen wie auch viele der in dem „Dictionnaire Infernal" von Collin de Plancy (Paris, 1863) dargestellten bösen Geister haben Menschengestalt oder wenigstens menschenähnliche Gesichter.

Die von den schwarze Magie treibenden Beschwörern zitierten Dämonen haben oft die abenteuerlichsten, verschiedensten, zum Teil mit tierischen Elementen vermischten Gestalten. Die meisten Beschwörungsbücher des Mittelalters zeigen uns die Dämonen in derartiger phantastischer Weise, und oft sieht man symbolisch auszulegende Merkzeichen, die auf ein ganz bestimmtes Laster, eine bestimmte Leidenschaft oder Charaktereigenschaft hinweisen. Diese bildlichen Symbole findet man, wenn man zeitlich weiter zurückgreift, auch bei verschiedenen mythologischen Gestalten des Altertums. Es sei hier nur an die Medusa, die Furien, den Minotaurus usw. erinnert. Jedenfalls ist es nicht ohne Weiteres von der Hand zu weisen, dass diesen Erscheinungen, die glücklicherweise nicht jedem sichtbar werden können, tatsächlich eine derartige, oft unglaublich phantastische Gestaltung zukommt, wenn man bedenkt, wie reichhaltig und unerschöpflich Gedankenformen sein können. Wie bereits erwähnt, ist ein großer Teil dieser Dämonen nichts anderes als die mehr oder weniger stark in der materiellen Ebene real gewordenen Formen eines lasterhaften oder leidenschaftlichen und individuellen oder kollektiven Wunschgedankens. Monoideen und Psychosen, um Ausdrücke der exakten Wissenschaft zu gebrauchen, sind sehr wohl geeignet, sich unter besonderen Bedingungen nach außen hin zu projizieren und in der physischen Welt zu äußern und können, wenn genügend intensiv, eine eigene, wenn auch meistens nur vorübergehende Individualität erlangen.

Es sollen in der Folge verschiedene konkrete Fälle angeführt werden, die diese Erklärung hinreichend zu stützen vermögen. Aber auch elementare Prinzipien können zur Gestaltung von Dämonen führen, wenn sie in einem geeigneten Medium zur Wirkung kommen, wie späterhin gezeigt werden soll. Die sogenannten Naturgeister, die Elfen, Nymphen, Zwerge, Kobolde usw., gehören auch in diese Kategorie von Erscheinungen, die allerdings zum größten Teil harmloser Natur sind.

Die dämonischen Erscheinungen nehmen oft auch die Gestalt ganzer Tiere an, wovon die drachenähnlichen, der Ziegenbock, der Wolf, die Katze, die Eule, die Fledermaus und die Kröte wohl die häufigsten sind. Die halbmenschlichen Formen, wie z. B. einen Menschenkopf auf einem Spinnenkörper oder einen Pferdekopf mit spitzem Horn auf der Stirn auf einem Menschenkörper, treffen wir gleichfalls in der Dämonenwelt an. Der bereits genannte Autor des „Dictionnaire Infernal" zeigt uns in 72 künstlerisch von L. Breton gezeichneten Bildern Dämonen der verschiedensten Art. In einem seltenen Buch von Magnus „Historia de Gentibus Septentrionalibus" (Rom 1555) erscheint der beschwörenden Hexe eine teuflische Gestalt, deren Menschenkopf mit doppelter Nase auf einem drachenähnlichen Körper sitzt. Dagegen zeigt uns R. P. Guaccius in seinem gleichfalls sehr raren „Compendium Maleficarum" (Mailand 1626) den Dämon als Wolf und die Hexe in eine Katze verwandelt.

Die zitierten Beispiele mögen genügen, um die Mannigfaltigkeit des Aussehens der Dämonen zu demonstrieren. Gibt es nun ernstzunehmende und objektive Belege für die Wirklichkeit derartiger Erscheinungen? Dies soll an anderer Stelle gezeigt werden.

Sehen wir von den unzähligen Volkssagen und Erzählungen ab, die in mehr oder weniger beweiskräftiger Form und Art von dem Erscheinen und Wirken dämonischer oder satanischer Gestalten berichten. Es sei nur darauf hingewiesen, dass seit Menschengedenken und unter allen Himmelsstrichen derartige Überlieferungen bestehen, die in Bezug auf die charakteristischen Hauptpunkte überraschend übereinstimmen. Ich führe trotzdem einige solche, wenig allgemein bekannte Fälle des Eingreifens von Dämonen in das menschliche Leben an, da sie gewissermaßen historisch zu nennen sind.

Gelegentlich des Baues der sogenannten Kaiserkapelle in der Nürnberger Burg im 12. Jahrhundert ließ deren Kaplan, Pater Cyrill, ihre Hauptzierde, die vier weißen Marmorsäulen, durch dämonische Gewalten aus Mailand herbeischaffen. Eine dieser Säulen ließ der dem Pater dienende Geist fallen, so dass sie in zwei Stücke zerbrach. Dadurch erklärt sich, dass nur drei der Säulen ganz sind. Soviel mir bekannt ist, haben die Gebrüder Grimm in ihrer Sammlung „Deutsche Sagen" davon keinerlei Erwähnung getan.

Die sogenannte Teufelsmauer, die seinerzeit England von Schottland trennte, soll gleichfalls ein Werk der Dämonen gewesen sein. Jedenfalls war sie derart fest gefügt, dass man den Bau Menschenhänden nicht zuschreiben wollte.

Die Schlossmauer von Vizille bei Grenoble hat gleichfalls eine interessante Geschichte. Der Konnetabel von Lesdiguire bestellte die Mauer beim Satan, der sich von ihm als traditionelle Gegenleistung die Seele verschreiben ließ. Im Vertrag wurde aber ausgemacht, dass der Konnetabel quitt sei, wenn er die in einer Nacht fertigstellende Mauer frühmorgens vor deren Vollendung überschreiten könne. Eine ganze Armee von Dämonen machte sich an das Werk, um den 14 Kilometer langen Bau von zwei

Stellen aus zu beginnen. In dem Moment, als die Mauer geschlossen werden sollte, setzte der Konnetabel mit seinem Pferd an dieser Stelle über sie hinweg. Der Schweif des Pferdes blieb in dem Mauerspalt hängen, so dass der Konnetabel ihn mit seinem Schwert durchhauen musste, um freizukommen. Noch heute zeigt man diese unfertige Stelle in der Schlossmauer, die auch noch den abgehauener Teil des Pferdeschwanzes enthalten soll.

Besonders auffallend ist die große Anzahl von „Teufelsbrücken" in der ganzen Welt. Sobald die ausführenden Baumeister die Schwierigkeit oder Unmöglichkeit ihres Unternehmens einsahen, nahmen sie, der Überlieferung nach, die Hilfe von Dämonen in Anspruch. Verschiedene derartige Teufelsbrücken existieren in England, Spanien, Portugal, Italien und selbst in Südamerika. Äußerst zahlreich sind sie in Deutschland und Österreich. Berühmt ist die Teufelsbrücke von Einsiedeln in der Schweiz, die sich neben dem Geburtshause des großen mittelalterlichen Arztes und Initierten Paracelsus befindet. In Frankreich gelten unter anderem die Brücken von Beaugency, Vieille-Brioude, Orthez und der Pont-de l´Arche als mit Hilfe dämonischer Kräfte durchgeführte Bauten. Eine der großartigsten Brücken dieser Art, die Brücke von Valentre in Cahors, soll gänzlich vom Satan erbaut worden sein. Wenig bekannt ist, dass die Brücke von Saint-Cloud bei Paris, die heute von der Straßenbahn befahren wird, als dämonisches Werk gilt. Der Überlieferung nach verlangte der den Bau ausführende böse Geist als Entschädigung für seine Mühe die Seele desjenigen, der zuerst über die Brücke gehen würde. Die Bewohner von Saint-Cloud hatten den glücklichen Gedanken, eine schwarze Katze als erstes Lebewesen über die Brücke laufen zu lassen, und Satan war, wie so oft im Volksmund, auch hier der Betrogene und musste sich mit der mageren Beute zufrieden geben.

Ein tatsächlich hervorragendes und unerklärliches Werk, das dem Dämon zugeschrieben wurde, war an der berühmten Notre-Damekirche von Paris zu sehen, bevor die Restaurierungsarbeiten von Viollet-le-Duc durchgeführt wurden (gegen 1860). An der Fassade dieser Kathedrale befinden sich drei Portale. Die beiden seitlichen davon waren mit schmiedeeisernen Beschlägen versehen, die das Staunen und die Bewunderung aller Fachleute hervorriefen. Das Unerklärliche an diesen Arbeiten war, dass die Gesamtfläche jeder der sieben Meter hohen und vier Meter breiten Türen mit überaus komplizierten und feinen Verzierungen bedeckt war, die je aus einem einzigen Stück Eisen bestanden. Trotz genauester Untersuchung war keine einzige Schweißung oder sonstige Zusammenfügung zu entdecken. Eine selbst heute beinahe unmöglich anmutende Arbeit. Man erzählt, dass der Dämon Biscornet die Arbeit ausgeführt hätte, und gab als Beweis hierfür die an verschiedenen Stellen der Ornamente wahrnehmbaren hörnergeschmückten Gebilde an, welche das Porträt oder das Signum dieses Dämons sein sollten. (Der Name Biscornet deutet auf den „Zweigehörnten" hin.) Heute sind die Originale durch mehr oder weniger genaue Nachahmungen ersetzt, die aber nicht aus einem Stück bestehen.

Weitaus beweiskräftiger sind die Fälle von Besessenheit, auf die ich noch ausführlicher zurückkommen werde und bei denen man tatsächlich eine Einwirkung unsichtbarer dämonischer Kräfte auf die betreffenden unglücklichen Personen nicht so leicht von der Hand weisen kann. Außerdem lassen sich tausende von derartigen Fällen durchaus glaubwürdig belegen.

Oft waren die von der Inquisition verfolgten Hexen und Hexer des Mittelalters nichts anderes als von einem oder mehreren Dämonen Besessene. Es kam sicher auch vor, dass die beschwörenden Personen diese satanischen Intelligenzen derart stark invokierten, dass diese, anstatt dienende Geister zu werden, gewaltsam von deren Körpern Besitz ergriffen. Das klassische und wohl älteste Beispiel einer großen Dämonenbeschwörerin und Nekromantin ist die im Alten Testament zitierte Hexe von Endor (1. Buch der Könige, 28, 7).

An dieser Stelle ist es angebracht, einiges über die Beschwörungsformeln, Zauberkreise usw. zu sagen, mit deren Hilfe Dämonen und andere Geister in den Dienst der Menschen gezwungen werden sollten. Seit altersher benützten die Geisterbeschwörer bei ihren Invokationen gewisse Formeln, die sich uns in einer großen Anzahl von mehr oder weniger wertvollen Zauberbüchern oder Handschriften erhalten haben, die natürlich im Laufe der Zeit viel von ihrem ursprünglichen Charakter eingebüßt haben. Zwei der im Mittelalter am meisten verbreitetsten Bücher dieser Art, die man benützte, um gute oder böse Geister zu beschwören, sind das Zauberbuch des Papstes Honorius, vor allem aber „Salomos Schlüssel". Die Texte dieser beiden Bücher wurden sehr oft auch vermischt, und es existieren derart viele Fassungen, dass es heute beinahe zur Unmöglichkeit wird, die Originaltexte wieder herzustellen. Die beiden Werke waren wohl im Besitze der meisten sich magischen Praktiken hingebenden Personen. Viele hohe Herren, Kirchenfürsten, Ärzte und Gelehrte hatten diese Bücher in ihrer Bibliothek, wenn auch sicher nicht immer an einem jedermann zugänglichen Platze. Von den besonders in Frankreich auch heute noch sehr verbreiteten Zauberbüchern, „Kleiner" und „Großer Albert" genannt, sowie von dem des heiligen Cyprianus, das besonders bei den iberischen Völkern und in Südamerika beliebt ist, will ich hier nicht sprechen.

Die Zaubereiadepten und Hexenmeister glaubten und glauben noch an den „Schlüssel", wie die Christen an das Evangelium, und hatten keinerlei Zweifel, dass das Buch wirklich von dem berühmten, zauberkundigen Israelitenkönig Salomo verfasst war, obwohl es zahlreiche Widersprüche und Anachronismen enthält, z. B. Namen wie Porphyrius und Paracelsus zitiert und mehrmals den „Vater, Sohn und heiligen Geist" anruft, ein schlagender Beweis für seine – in der uns überkommenen Fassung – verhältnismäßig späte Zusammenstellung.

Trotz alledem spricht die Tradition Salomo die ursprüngliche Fassung dieses Zauberhandbuches zu und hat vielleicht nicht so Unrecht, wie man gemeinhin annehmen mag. Auf jeden Fall ist der ursprünglich Salomo´sche Schlüssel auf ein äußerst hohes Alter zurückzuführen. Der Ruf des Königs Salomo, der nach dem Tode seines Vaters David der Herrscher Israels wurde, ist universell geworden und überschreitet in auffallender Weise die Grenzen des kleinen israelitischen Volkes, wenn man bedenkt, welch wahrhaft blendende und phantastische Erinnerung dieser Fürst beispielsweise bei den orientalischen Völkern hinterlassen hat, die ihn heute noch als den Monarchen der ganzen Erde betrachten. Es dürfte nicht allzu außerhalb des Rahmens dieses Aufsatzes liegen, wenn ich einiges über Salomo mitteile, das nicht allgemein bekannt ist. Die wenigen Seiten, die ihm die Bibel widmet, erwecken eigentlich nur unsre Neugier, ohne sie zu befriedigen, und loben in geradezu übertriebener Weise seine hervorragende Weisheit, welche die aller Söhne des Orients und der Ägypter bei weitem überragte. Salomo ist weiser als Haithan, der Etsraiter, weiser als Haiman, weiser als Calcol, als Dardah, der Sohn des Mahol. Er war bei den Nachbarvölkern berühmt, und von weither kamen die Leute aus allen Ländern; selbst Könige schickten ihre Abgesandten, um von der Weisheit Salomos zu lernen. Gott hatte ihm, der Bibel nach, diese Weisheit verliehen, als er ihm eines Nachts erschienen war und ihn gefragt hatte, welche besondere Gabe er sich wünsche, worauf Salomo sich die Weisheit erbat. Der Herr gab ihm aber noch etwas hinzu, das Salomo nicht verlangt hatte, nämlich Reichtum und Ruhm. Seit damals wurde sein fast unglaublicher Reichtum und Prunk ebenso sprichwörtlich und berühmt wie seine Weisheit und verdunkelte den Prunk aller anderen Herrscher der Erde.

Selbst Christus zitiert in seinem Gleichnis von den Lilien auf dem Felde den Ruhm und den Prunk Salomos.

Er hatte in Judäa zwölf Verwalter oder Nitzabim für seine Lebensmittel. Er besaß 1400 Wagen, 40.000 Pferde für diese und 20.000 Reitpferde. Sein Haushalt übertraf an Prunk und Reichtum den der reichsten Fürsten des Orients, und sein ganzes Haus- und Tafelgerät war aus purem Golde. Der Palast Iahar-Halibanon (Wald des Libanon), den Salomo erbauen ließ, war 100 Ellen lang, 50 breit und 30 hoch. Er hatte eine Unmenge edelsteingeschmückter Säulen und seine Decke war aus Zedernholz. Einen ebensolchen Palast ließ Salomo für seine Gemahlin, die Tochter des ägyptischen Pharao, aufführen.

Salomo ist der Verfasser von 3000 Parabeln (Mashal) und 5000 Gesängen (Shirim). In seinen zahlreichen Schriften befasste er sich mit allen bekannten Pflanzen und Tieren. Die in der Bibel unter seinem Namen enthaltenen drei Bücher („Sprichwörter", „Weisheit" und „Der Prediger Salomo") beweisen, dass er eine umfassende Kenntnis aller Naturwissenschaften, der Theologie und der erhabensten und tiefgründigsten Philosophie besaß. Nicht nur die Bibel hat uns das Andenken an diesen überweisen und überreichen Herrscher bewahrt. Der berühmte persische Dichter Firdusi hat unter dem Titel „Suleyman-Nameh" in Versen das Leben Salomos beschrieben. Andere arabische, türkische und persische Schriftsteller, wie Saas-ed-din, Ysshag-ebn-Ibrahim, Ahmed-ei-Kermani, Chems-eddin-el-Sywasi, deren wundervolle Werke bei uns leider viel zu wenig übersetzt bzw. bekannt sind, wie auch die Talmudisten beschreiben nicht nur das Leben Salomos, sondern auch eine Unmenge seiner magischen Kenntnisse und Praktiken in wertvollen Einzelheiten, deren Überlieferung von den Israeliten vergessen wurde oder die später verloren gegangen ist. Unter der Feder, der obengenannten Dichter wird der Sohn Davids zu einer legendenhaften Person, die in keiner Literatur, nicht einmal in der so reichen indischen, ihresgleichen findet. Salomo ist nicht nur der reichste und weiseste aller Herrscher der Erde. Seine Wissenschaft hat nicht ihresgleichen und erhebt ihn zum mächtigsten aller Menschenkinder, das alle himmlischen, irdischen und höllischen Geister beherrscht. Die Legionen der Engel und Dämonen, das unterirdische Volk der Pygmäen und der Gnomen, die Undinen und Elfen, die Feen, die Zwerge und Riesen, die Geister der Luft und des Feuers sind ihm untertan.

Der Verfasser des arabischen Buches „Tarkh-mon-Te-Kheb" erzählt, dass Salomo mit 12 Jahren den Thron bestieg und dass Gott ihm alle Ginns und

Djinns, die guten und bösen Geister, untertan machte, ebenso wie die Tiere und die Elemente. Die drei Reiche der Natur gehorchten ihm und selbst die Pflanzen gaben ihm ihre Eigenschaften und heil- oder wundertätigen Kräfte bekannt. In seinem kristallgepflasterten Palast ließ Salomo die Djinns und Dämonen an eisernen Tischen sitzen, die Armen an hölzernen, die Armeebefehlshaber an silbernen, und an goldenen die Weisen und Rechtsgelehrten, die er selbst bediente. Nach dem Koran arbeiteten die Genien vor seinen Augen, erbauten Paläste, errichteten Statuen, machten Gärten, Wasserbecken und wirkten kostbare Gewebe und Teppiche. Wenn er weitentlegene Gegenden besuchen wollte, ließ er sich auf dem Rücken von Geistern gedankenschnell dahintragen.

Berühmt waren und sind heute noch, nicht nur im Orient, das „Siegel Salomos", seine Wunderlampe, die besondere magische Eigenschaften hatte, sein Thron, vor allem aber sein Ring. Mit Hilfe dieses Ringes hatte er die Geister in der Gewalt. Den Arabern nach verdankt er diesem auch seine hohe Weisheit. Eines Tages soll er alle Dämonen versammelt haben, um ihnen mit seinem Ringe das Zeichen der Sklaverei auf den Nacken zu drücken. Einmal verlor er sogar seinen Ring, als er sich im Jordan badete, und blieb solange seiner Weisheit beraubt, bis ein Fischer, der den Ring mit dem Netze aus dem Wasser gezogen hatte, ihm diesen zurückbrachte.

Wie viel uns aus den Sagen und Überlieferungen der verschiedensten Völker bekannte Elemente finden wir mit dem Namen Salomo verknüpft; welch interessante und vom okkulten Standpunkt aus wertvolle vergleichende Studie ließe sich aus diesem Thema machen!

Was seinen wunderbaren elfenbeinernen Thron anbelangt, beschreibt ihn uns die Bibel in all seinen Einzelheiten. Die Araber fügen hinzu, dass er von Geistern angefertigt wurde und dass die goldenen Löwen, die beiderseits auf jeder der sechs Stufen lagen, ihm beim Besteigen des Thrones die Pratzen entgegenstreckten und dass die goldenen Adler zu seinem Haupte die Flügel reckten, um ihn zu beschatten. Gel-al-ed-din erzählt uns, dass der Thron ein wahres, 40 Ellen breites, 60 langes und 30 hohes Monument aus Gold, Silber und Elfenbein war. Die Säulen waren mit Rubinen und Smaragden besetzt, ebenso die Verzierungen, die rund um den Thron liefen. Der Koran schließlich sagt, dass Salomo diesen Thron der Königin Balkis von Saba durch den Geist Ifrit rauben ließ, der ihn in einem Augenblick herbeibrachte.

Aus allen diesen phantasiereichen Erzählungen lässt sich nur eines mit Sicherheit festhalten, dass König Salomo tatsächlich ein mit außergewöhnlichem Wissen ausgestatteter Geist war und dass ihm bedeutende magische Fähigkeiten zur Verfügung standen.

Es ist als sicher anzunehmen, dass dieser israelitische Monarch einen eifrigen Verkehr mit der Geisterwelt pflegte. Die Bibel teilt uns formell mit, dass Salomo nicht immer pflichtgetreu auf den vom Herrn vorgeschriebenen Wegen wandelte wie David, sein Vater. Als Salomo noch jung war, opferte er bereits auf den Bamoth oder hohen Orten, was den von Moses vorgeschriebenen Riten zuwiderlief. Und im Alter verleugnete dieser weiseste und gerechteste aller Könige den einzigen Gott, um den Elilim zu opfern und zu huldigen. Ausländische Weiber machten ihn auf dem Pfade der Wahrheit straucheln, wie z. B. die ihm angetraute Pharaotochter und verschiedene Frauen der Moabiter, Ammoniter, Edomiter, Sidoniter usw., die sein Herz verkehrten und ihn dazu brachten, der Göttin Astarte von Sidon, den Göttern Milchom (Moloch) und Chemos zu dienen. Der Herr wandte daraufhin seine Hand von ihm und teilte sein Reich auf. Merkwürdigerweise schweigt die Bibel, die so weitschweifig über Salomos Weisheit, seinen Reichtum und Ruhm zu erzählen wusste, vollständig über den Rest seines Lebens und den im Jahre 978 v. Chr. erfolgten Tod. Sie sagt nur, dass Salomo zu seinen Vätern entschlief, ohne uns mitzuteilen, ob er zu dem einzigen Gott reuig zurückkehrte oder in seinem ketzerischen Götzenkult verharrte. Wir müssen auf apokryphe Schriften, wie z. B. „De penitentia Adae" zurückgreifen oder die seltsamen Überlieferungen aufnehmen, die im mittelalterlichen Schottland verbreitet waren und über die uns der Geschichtsschreiber König Karls VI., Juvenal de Ursinus, berichtet, um beinahe Gewissheit zu erhalten, dass Salomo in seinem sündigen Lebenswandel bis zu seinem Tode verblieben war und aus diesem Grunde „verdammt wurde und bis an das Ende der Welt leiden muss, tagtäglich von zehntausend Raben verzehrt". Gewisse Schriften der Rabbiner teilen mit, dass Salomo Gott anflehte, seinen Tod solange zu verbergen, bis die Werke, welche die Dämonen auf seinen Befehl hin zu schreiben begonnen hatten, beendigt seien. Der tote Salomo blieb daraufhin wie betend in knieender Stellung auf seinen Stab gestützt, und die Dämonen, die ihn noch lebend glaubten, fuhren in ihrer Arbeit fort.

Der Koran, der diese Version aufgenommen hat, fügt hinzu, dass ein Reptil zuerst seinen Tod erfuhr und den Stab zernagte, der den Leichnam Salomos stützte, sodass dieser umfiel, worauf die Dämonen ihre Arbeit einstellten.

Es ist also, wenn man die Essenz all dieser Überlieferungen in Betracht zieht, durchaus nicht unwahrscheinlich oder unmöglich, dass ein Mann mit tiefen Kenntnissen der Natur und ihrer geheimen Kräfte, der dem Moloch, dem Chemos und der Astarte opferte, auch Geister beschwört und darüber geschrieben hatte. Wenigstens behaupten dies Leoncius von Konstantinopel im 11. Jahrhundert in einer Pfingstpredigt, wenn er ausruft: „Nonne Salomon dominatus daemonum est?", und Gregentius, Bischof von Tephra, der erzählt, dass Salomo die Dämonen in versiegelte Vasen einschloss und in der Erde versteckte. Diese Überlieferung ist übrigens so lebendig geblieben, dass in dem seltenen und seltsamen Inkunabelwerk von Jacobus de Theramo: „Das Buch Belial" (Augsburg 1473) Salomo mehrere Male dargestellt wird, wie er in familiärer Weise mit den Dämonen plaudert. Wir sehen beispielsweise auf einem der Holzschnitte, die das Werk enthält, wie der Teufel Belial Salomo sein Beglaubigungsschreiben überreicht, wobei er merkwürdigerweise von Moses begleitet ist, der ihn während seiner ganzen Tätigkeit nicht verlässt und auf allen andern Bildern gleichfalls mit dargestellt ist.

Wie es auch um all diese Legenden bestellt sei, sicher ist, dass bereits im ersten Jahrhundert der christlichen Zeitrechnung, zur Zeit des Kaisers Vespasian, ein Beschwörungsbuch unter dem Namen Salomos bekannt war. Der Historiker Flavius Josephus erzählt, dass dieses Buch im Besitz eines Israeliten namens Eleazer war, der in Gegenwart Vespasians Besessene heilte, indem er ihnen an der Nase einen Ring befestigte, in dem das Stück einer von Salomo zu diesem Zweck empfohlenen Wurzel eingeschlossen war, und gibt uns auch die Worte bekannt, die nach Salomo bei dieser Gelegenheit gesprochen werden mussten. Es scheint mir an dieser Stelle erwähnenswert, dass im Innersten Brasiliens bei verschiedenen Indianerstämmen der Brauch geübt wird, von Konvulsionen Befallene oder Besessene dadurch zu heilen, dass man ihnen eine bestimmte Wurzel an die Nasenwurzel hält. Ich werde gelegentlich auf diesen Brauch noch ausführlicher zurückkommen, bin allerdings weit davon entfernt, einen traditionellen Zusammenhang zwischen den beiden vorerwähnten Praktiken zu vermuten. Möglicherweise bildet das von Flavius Josephus erwähnte Buch den Kern des späteren Salomo'schen Schlüssels, dem im Laufe der Zeit immer neue Formeln beigefügt wurden. Seit dieser Zeit finden wir durch die verschiedenen Jahrhunderte hindurch Salomos Schlüssel immer und immer wieder von den mannigfachsten Autoren erwähnt. Im 11. Jahrhundert z. B. spricht der griechische Schriftsteller Michael Psellus von einem Trakt Salomos, der von Steinen und Dämonen handelt. Ein anderer byzantinischer Geschichtsschreiber, Nicetas Choniates, erwähnt ein Buch, das nur Salomos Schlüssel gewesen sein kann und sich im Besitze eines kaiserlichen Dolmetschers namens Aaron Isaak befand. Dieses Buch ließ „demjenigen, der es las, Legionen von Dämonen erscheinen".

Es scheint, dass um das 13. Jahrhundert herum Salomos Schlüssel von Byzanz nach Rom gekommen ist. Eine Tradition schreibt die neue Redaktion dieses Buches dem Papste Honorius III. zu, der im Jahr 1216 dem großen Papst Innocent III. folgte und der Hexerei verdächtigt war, ebenso wie die Päpste Leo III., Johann XXII. und Sylvester Um dieselbe Zeit herum zitiert einer der Schreiber der Chronik des Wilhelm von Nangis ein Namensverzeichnis von Dämonen, das von einem Mönch von Morigny (bei Etampes) verfasst war und mit dessen Hilfe man Reichtümer und andere Vorteile erringen konnte. Dieses Verzeichnis scheint mir dem Salomo'schen Schlüssel sehr ähnlich zu sein.

Roger Bacon, allen Okkultisten wohlbekannt, hatte gleichfalls Kenntnis von den Salomo zugeschriebenen Dämonenbüchern. Papst Innocent VI. ließ im Jahre 1350 ein großes Werk, „Buch Salomos" genannt, verbrennen, das nach dem Zeugnis von Nikolaus Eymerich Beschwörungsformeln und Zauberpraktiken enthielt. Der griechische Geschichtsschreiber Michael Glykas (XV. Jahrhundert) spricht von einem Buch Salomos über die Genien und über die Art, diese aus der unsichtbaren Welt erscheinen zu lassen. Der uns wohlbekannte Abt Trithemus zitiert in seinem Werk „Antipalus Maleficiorum" gleichfalls Salomos Schlüssel, obgleich er, wie Roger Bacon, dessen Authentizität anzweifelt. Dem Vorhergesagten nach wäre also der allgemein in Europa verbreitete Salomo'sche Schlüssel ein Kompositum, in dem sich rituelle und magische hebräische Zeremonien, wie das Schächten eines Zickleins usw., die sehr wohl bis auf Salomo zurückgehen können, in eigenartiger Weise mit anderen alten und neuen Formeln vermischt haben. So ist die Formel „Xilka, Xilka, Besa, Besa" auch auf den Keilschrifttafeln Ninives zu finden, während Ausdrücke wie „Bagahi laca Bachabe" oder „Palas aron azinomas", von Ruteboeuf und Jehan Bodel von Arras zitiert, den seltsamen Zigeunerdialekten entlehnt zu sein scheinen. Schließlich finden wir in der uns überlieferten Fassung des Salomo'schen Schlüssels arabische, byzantinische und lateinische Elemente, katholische Gebete usw., die dem ganzen Werke seinen jetzigen chaosartigen Charakter geben.

Gegen Ende des Mittelalters verbreiteten sich mehr und mehr die Kopien dieses Werkes. Gelehrte der Renaissancezeit, wie Petrus Mozellanus, interessieren sich lebhaft dafür. Der ersten gedruckten Ausgabe von Rom im Jahre 1629 folgen zahlreiche andere.

Für den wahren Magier besitzen aber gedruckte Beschwörungsbücher keinen praktischen Wert. Der alten Überlieferung nach muss der Geisterbeschwörer seinen Salomo´schen Schlüssel in Manuskriptform besitzen, am besten eigenhändig geschrieben, damit die magischen Operationen den gewünschten Erfolg haben. Dadurch erklärt es sich, dass alle großen Bibliotheken, wie z. B. auch die Pariser Arsenalbibliothek, von deren Manuskripten ich weiter unten sprechen werde, eine große Anzahl von derartigen Handschriften besitzen. Die im Nachstehenden zitierten Exemplare entstammen der reichen und wertvollen Sammlung des Marquis de Paulmy, von dem ich gelegentlich der Mitteilung eines sehr interessanten Hexerei- und Schatzgräberprozesses aus dem Beginne des 18. Jahrhunderts (Fall Marie-Anne de la Vilie) noch zu sprechen haben werde. Das wertvollste Dokument dieser Art ist sicherlich das unter Nr. 2350 klassierte: „Le Secret des secrets, autrement la Clavicule de Salomon ou le veritable Grimoire". Der Titel dieses außerordentlich schön geschriebenen Manuskriptes zeigt deutlich die Verschmelzung des Salomo´schen Schlüssels mit dem vom Papst Honorius verfassten Höllenzwang an; es enthält zwar nicht viel Zeichnungen, dafür aber verschiedene Zeremonien, die in anderen Exemplaren fehlen. Eine Randbemerkung des Marquis de Paulmy, die sich auf dem Titelblatt befindet, lautet: „Niemand hat ein hebräisches Manuskript des Salomo´schen Schlüssels gesehen; der Jesuitenpater Gretser erklärt, ein solches in Griechisch in der Bibliothek des Herzogs von Bayern gesehen zu haben. Der Abt d´Antigny zitiert davon mehrere lateinische unter den Titeln „Claviculae Salomonis ad filium Roboam" und „Liber Pentaculorum". Die Handschrift 2350 enthält eine Einleitung, die in keinem anderem Manuskript der Sammlung existiert und deren Stil auf die byzantinische Zeit deutet, was mir nach dem vorhin Gesagten kein Widerspruch zu sein scheint.

Dieser Einleitung nach vertraut Salomo den von ihm verfassten Schlüssel seinem Sohne Roboam an, indem er ihm befiehlt, das „Geheimnis der Geheimnisse" gut zu bewahren und mit sich in das Grab zu nehmen. Die verschiedenen Kapitel dieser Handschrift sind den einzelnen Beschwörungsoperationen gewidmet, wobei die Dämonen in zwei Kategorien eingeteilt sind: Die guten, welche Dienste zu leisten imstande sind, und die bösen, vor denen man sich in Acht zu nehmen hat. Gleichzeitig sind die Eigenschaften angegeben, die der Operateur sowie seine Helfer, wenn er es nicht vorzieht allein zu handeln, besitzen müssen.

Man findet weiter eine genaue Beschreibung der zur Beschwörungsaktion nötigen Kleidung, der Schuhe und der zahlreichen Zaubergeräte. Auf Seite 30 des Manuskriptes ist der Zauberkreis abgebildet, der bei allen magischen Operationen eine so bedeutende Rolle spielt und in dem der Beschwörer, der mit den Dämonen verkehren will, stehen muss, um sich vor einem sichern Tode zu schützen. Dieser Kreis soll neun Fuß im Durchmesser haben (zirka 2,70 m), ein Raum, der mehr als hinreichend ist, um sich bequem bewegen zu können. Man zieht ihn mit dem besonders beschriebenen geweihten Schwert oder Dolch und zeichnet die verschiedenen vorgeschriebenen Zeichen ein. Diese sind griechisch und hebräisch. Man findet darunter mehrere Male die Worte Alpha und Omega, die bekanntlich den ersten und letzten Buchstaben des griechischen Alphabetes oder Anfang und Ende bezeichnen. Dann das Wort Agla, das eine vielfach von den Rabbinern benützte und aus den ersten Buchstaben der Worte „Aleth Gadol Leolam Adonai" gebildete Abkürzung ist, die bedeutet: Adonar (oder der Herr) ist groß bis in die Ewigkeit. Es folgen noch einige der 72 göttlichen Namen aus der Kabbala, die sämtlich in „el" enden und mitunter eine verschiedene Lesart zulassen.

Der Zauberkreis selbst ist keineswegs unveränderlich, denn ein anderes Manuskript aus derselben Sammlung, Nr. 2348, mit dem Titel „Livre de la Clavicule de Salomon, roy des Hebreux", das angeblich durch Abraham Colorno aus dem Hebräischen in das Italienische und dann auf Order von S. A. S. de Mantoue in das Französische übertragen worden ist, zeigt den Zauberkreis in einer ganz anderen Form, der die hebräischen und griechischen Buchstaben gänzlich fehlen. Dafür trägt der Kreis die Namen der Gottheiten Adonai, El, Jah, Agla, Eloha, Ehie und das Wort Tetragrammaton, das vier Buchstaben eines unaussprechbaren göttlichen Namens bedeutet. Der große Kreis ist symmetrisch von vier kleinen Kreisen begleitet. Die Beschwörungszeremonie wird nach dem Manuskript von dem „Meister" und vier „Schülern", die in Leinen gekleidet sein müssen, ausgeführt, wobei der Meister im großen und die Schüler oder Helfer in den vier kleinen Kreisen Platz nehmen.

Das Manuskript Nr. 2349 „Les vrais Clavicules du Roy Salomon, traduitte de l'hebreu par Armadel" gibt wieder einen Zauberkreis, wo man die göttlichen Namen „Eloha, Tetragrammaton, Ehoye, Elijon, Eloha, Zevaoth, Elohim, Zenard, Saday" findet. Im Zentrum steht das Wort KIS, aus der Abkürzung der Worte „Kadosh Jeve Sabaoth" (Heiliger Gott der Siebenheit) gebildet.

Einer der einfachsten Kreise ist jedenfalls der des Manuskriptes Nr. 3244. Er enthält nur die Worte Alpha, Omega und Agla, den lateinischen Satz „Dominus adjutor meus" (Gott mein Helfer) und zwölf Kreuze. Ein magisches Buch, von den vorgenannten Werken sehr verschieden, ist der „Rote Drachen" (Dragon Rouge ou l´art de commander les esprits celestes, aeriens, terrestres, infernaux) von 1522 datiert, aber in Wirklichkeit erst gegen 1820 in Avignon gedruckt. Es zeigt einen Zauberkreis, der einen ganz geheimnisvollen Stil aufweist. Er ist „Le Triangle des Pactes" (Bündnisdreieck) benannt und muss auf eine Ziegenhaut gezeichnet werden, die mit vier Nägeln befestigt wird. Ein fünffacher Kreis enthält ein großes, gleichschenkliges Dreieck, in dessen Spitze ein Dreifuß mit einem Feuer aus Weidenkohle zu stellen ist. Zu beiden Seiten stehen brennende Kerzen in doppelten Kreisen. An der Basis des Dreiecks befinden sich zwischen zwei kleinen Kreuzen die Buchstaben JHS.

Ein Autor schließlich, der zu Beginn des 19. Jahrhunderts eine wahre Wiedergeburt des Okkultismus in England zustande gebracht hat, Francis Barrett, gibt in seinem berühmten Werk „The Magus" (im Jahre 1801 in London erschienen), an dem sich der französische Okkultist Eliphas Levi in weitgehendster Weise inspiriert hat, zwei verschiedene Modelle von Zauberkreisen an, in denen sich der Beschwörende aufzuhalten hat. In beiden finden sich wiederum die Buchstaben Alpha und Omega, sowie eine gewisse Anzahl der hebräischen Gottesnamen. Barrett stellt gleichzeitig den Zauberstab, die beiden Leuchter, die auch im vorher beschriebenen Kreis erwähnt sind, weiter den Zauberring mit dem Salomo´schen Siegel, den magischen, in Gold gefassten Kristall, die in der Hand zu haltende oder in die Erde zu steckende Fackel und den Dolch dar. Das bereits zitierte Manuskript Nr. 2349 gibt die „Pentakel" oder Zaubersiegel bekannt, mittels welcher man sich die beschworenen Geister günstig stimmt. Es sind dies sechs kleine Doppelkreise, deren jeder in der Mitte einen hebräischen Gottesnamen enthält. Zwischen den konzentrischen Kreisen sind verschiedene Formeln quabbalistischer Natur eingeschrieben, die wir oft bei Dämonenbeschwörungen finden: „Taver alcilo Sedoan acheir", „Nestabor cacay extabor erional", „Anapheta Dinotor Drion Sarao", „Zamoni Almahi Ohodos Scies" usw., die im Mittelalter den Ruf unfehlbarer Wirksamkeit besaßen. Ähnliche interessante Formeln findet man in einem Zauberspiel des berühmten, bereits weiter oben zitierten Troubadours Ruteboeuf aus dem XIII. Jahrhundert, „Le miracle de Theophile", wo der Hexer Salatin den Teufel in der folgenden Weise beschwört:

> Bagabi laca bachabe
> Lamac cahi achababe
> Karrelyos
> Lamec Iamec Bachalyas
> Cabahagy sabalyos
> Baryolas
> Lagoz atha cabyolas
> Samahec et famyolas
> Harrahya.

In einem andern derartigen Spiel des bereits angeführten Jehan Bodel von Arras, auch aus dem XIII. Jahrhundert, „C´est li Jus de Saint Nicholai" liest man die folgende Klausel:

> Palas aron ozinomas
> Baske bano tudan donas
> Geheamel cla orlay
> Berec he pantaras tay.

Ohne Zweifel haben sich beide Autoren der in der damaligen Zeit üblichen Beschwörungsformeln bedient, die keiner bekannten Sprache angehören. Ungefähr vier Jahrhunderte später finden wir auf Rembrandts herrlicher Radierung „Doctor Faustus", die im verflossenen Jahr auf der Berliner Rembrandt-Ausstellung zu sehen war, wo ein leuchtender Zauberkreis auf dem Fenster in Faustens Zimmer erscheint, ähnliche mysteriöse Worte: „Adam, Te, Dageram, Amrtet, Algar, Algastma".
Ein andres Manuskript aus der Pariser Arsenalbibliothek, Nr. 2790, „Zekerboni" betitelt, von Pierre Mora, „Philosophe Cabaliste", gibt uns ohne jeden Kommentar ein mächtiges Zauberzeichen bekannt. Dieses besteht aus einem Doppelkreis, in dem eine große Anzahl einzelner griechischer und hebräischer Buchstaben eingeschrieben sind. In der Mitte befindet sich eine Art Kreuz, von einem Z-artigen Zeichen begleitet, wie man es öfters in ähnlicher Form in alchimistischen Handschriften und Höllenzwängen findet.
Schließlich zitiere ich aus der Handschrift Nr. 2494 „Grimoire ou la Cabale par Armadel" eine interessante Beschwörungsformel, die es gestatten soll,

den Dämon in eine Flasche einzuschließen: „Uriel Seraphim, potesta, Io, Zati, Zata, Abbati, Abbata, Agla, Cailo, caila, ich bitte und beschwöre dich im Namen und durch den lebendigen Gott, deinen und meinen Herrn, durch die Macht der heiligen Dreieinigkeit, durch die Jungfernschaft der heiligen Jungfrau, durch die geheiligten vier Worte, die der große Agla mit seinem eigenen Mund zu Moses sagte: Io, Zati, Zata, Abbata, durch die neun Himmel, wo du wohnst, und durch die Tugend dieser Zauberzeichen, dass du mir sichtbar und sofort unter einer schönen menschlichen Gestalt, keiner schrecklichen, erscheinst, in dieser Phiole, die ein Wasser enthält, welches vorbereitet wurde, um dich zu empfangen, dass du mir auf alle Fragen ohne Verzug antwortest, die ich an dich stellen will, dass du mir das Buch Moses bringst, es öffnest, deine Hand darauf legst und in Wahrheit schwörst, mir alles zu tun und zu bringen, worum ich dich bitte. Erscheine nun, ich beschwöre dich, im Namen des großen, allmächtigen Gottes Alpha, und sei willkommen in Galatim, galata, cailo, caila".

Um den Dämon zurückzuschicken, gibt dasselbe Manuskript die folgende, viel kürzere Formel an: „Geh! wohltätiger Genius, kehre in Frieden an die Orte zurück, die dir bestimmt sind, und sei immer bereit, zu kommen und mir zu erscheinen, wenn ich dich im Namen und von Seiten des großen Alphas rufe!"

Dieses Einschließen eines Dämons in eine Flasche ist gewiss nicht wörtlich zu nehmen. Es ist anzunehmen, dass es sich dabei um eine magische Divinationspraktik handelt, welche mit der durch die Katoptromantie, das Fixieren eines Kristalls, glänzender Flächen überhaupt usw., hervorgerufenen und in bestimmter Richtung dirigierten Hellsichtigkeit innig verwandt ist. Ich hatte in Brasilien mehrfach Gelegenheit, dem Beschwören von Geistern in einem Glase Wasser zwecks Erlangung der am nächsten Tage gewinnenden Lotterienummern persönlich beizuwohnen. Zu diesem Zwecke bedeckte die beschwörende Person das mit frischem Quellwasser gefüllte gewöhnliche und glatte Trinkglas mit einem dreieckig zugeschnittenen weißen Stück Karton, auf das verschiedene Dämonennamen und quabbalistische Zeichen geschrieben waren. Dann sah ein unter halb hypnotischem Einfluss stehendes Mädchen bei seitwärts einfallendem Kerzenlicht in das Glas. Nach kurzer Zeit erschienen dem Mädchen verschiedene symbolische Bilder oder Gestalten im Glase, mit denen es nach Angabe der die magische Handlung leitenden Person sprach und sehr oft auch wirklich positive Resultate erzielte, die einen Spielgewinn am nächsten Tage gestatteten.

Beschwörungen auf abgelegenen Friedhöfen um Mitternacht zu dem gleichen Zweck, in der Lotterie zu gewinnen, wohnte ich, gleichfalls des reinen Interesses halber in Sao Paulo zweimal bei. Das Ergebnis war nur das zweite Mal befriedigend, ob aus Zufall, lasse ich dahingestellt. Es wurden bei dieser Dämonenbeschwörung an dem Seitentor des außerhalb der Stadt in einer unwirtlichen Gegend liegenden Friedhofs Araxä, das ausschließlich zur Beisetzung Unbekannter, Selbstmörder und Verbrecher benützt wird, nach dem Schlagen der Mitternachtsstunde auf der Turmuhr der Aufbahrungskapelle von dem knieenden Beschwörer bei dem Lichte dreier geweihter Kerzen gewisse Formeln hergesagt. Die angeblich daraufhin innerhalb des Friedhofs gegenüber dem Tor stattfindende Erscheinung sollte einen Aufschluss auf das am nächsten Tage in der Lotterie herauskommende „bicho" geben. (Es gibt nämlich in ganz Brasilien ein eigenartiges und ungemein populäres Spiel das „Bichospiel" genannt – sprich „bischo" – mit 25 „bichos" oder Tieren, wobei jedes Tier oder jede „Gruppe" 4 Nummern entspricht. Das gewinnende Tier wird durch die beiden Endzahlen des Haupttreffers der staatlichen Lotterie bestimmt). Das erste Mal waren wir in einer stürmischen, doch regenlosen Nacht, wobei jeden Augenblick eine der Kerzen verlöschte, zu viert. Die Beschwörung verlief ohne irgend welches Ergebnis.

Die darauffolgende Nacht ging ich mit dem Beschwörer allein auf den Friedhof, da die beiden andern Gefährten zur verabredeten Zeit nicht erschienen waren. Und dieses Mal hörten wir beide unmittelbar nach der Beschwörungsformel über unsern Köpfen ein ganz eigenartiges, starkes Rauschen, wie von ungeheuer großen Vogelschwingen, das aus dem Innern des Friedhofs kam. Zu gleicher Zeit sah ich undeutlich eine unbestimmbare, sich vom dunklen, schwerbewölkten Nachthimmel heller abhebende Form durch die Luft sausen. War es irgend ein Nachtvogel? War es eine tatsächliche Erscheinung? Ich wage weder das eine, noch das andere mit Bestimmtheit zu behaupten. Vielleicht war es eine rein subjektive Wahrnehmung. Mein Gefährte hatte nur das Rauschen gehört, allerdings war er mit den Kerzen beschäftigt und knieend nach vornüber geneigt, sodass er selbst eine positive Erscheinung in seiner Stellung nicht hätte wahrnehmen können. Tatsache ist, dass am nächsten Tage mein Begleiter in der Lotterie auf den „Adler" eine größere Summe gewann.

Ich bin weit davon entfernt, solche Praktiken gutzuheißen, die bedenklich das Gebiet schwarzer Magie streifen, sowie an die unbedingte Realität der vielen mir von dem Beschwörer erzählten derartigen Erscheinungen zu glauben. Es handelt sich wohl meistenteils nur um eine durch teilweise Autohypnose hervorgerufene Hellsichtigkeit. Absolut unmöglich sind aber derartige Beschwörungen von niedern Intelligenzen, Elementargeistern usw. durchaus nicht. Ich zitierte den obigen persönlich erlebten Fall hauptsächlich deshalb, um zu zeigen, dass auch heute noch, in unserer modernen Zeit, derartige uns mittelalterlich anmutende Praktiken ausgeübt werden.

Bei vielen dieser magischen Handlungen, die letzten Endes auf eine mehr oder weniger verhüllte Dämonenbeschwörung hinausgehen, tritt sicherlich die „dramatische Spaltung des transzendentalen Subjekts" auf. Gewisse Eigentümlichkeiten bei einer ganzen Anzahl der bekannten Invokationen weisen aber auch darauf hin, dass der Einfluss irgendwelcher über- oder untersinnlicher Intelligenzen dabei mitspielt. Eine Persönlichkeitsspaltung wird gewiss auch durch die Anwendung der Räuchermittel begünstigt, die bei den meisten Beschwörungen verwendet werden müssen. In der Zusammensetzung derartiger, stark narkotisch wirkender Räuchermittel finden wir Bilsenkraut, Schierling, Saffran, Opium, Aloe, Mandragora, Nachtschatten, schwarzen Mohnsamen, Sumpfeppich, Asa foetida und Sumpfporst, welche Hofrat Carl von Eckartshausen in seinen „Aufschlüssen über Magie" nennt.

Agrippa von Nettesheim („Magische Werke", I. Bd., Kap. 43) gibt ähnlich zusammengesetzte Räuchermittel an. Gleichzeitig bemerkt er, dass der Rauch aus Leinsamen, Flohsamen, Veilchen- und Eppichwurzeln bewirkt, dass man künftige Dinge sieht und zur Prophezeiung beiträgt. Unter einem günstigen Gestirneinflusse kann man auch Räucherungen veranstalten, welche bewirken, dass die Gestalten der Dämonen in der Luft oder anderswo sogleich zum Vorschein kommen. So sollen, wenn man aus Koriander und Eppich oder Bilsenkraut nebst Schierling einen Rauch macht, die Dämonen augenblicklich sich versammeln, weshalb diese Pflanzen auch Geisterkräuter genannt werden. Alle Versuche mit derartigen Räucherungen sind außerordentlich gefährlich und können schwere Nervenstörungen, Wahnsinn und selbst den Tod zur Folge haben. Es sei daher gleichzeitig eindrücklichst gewarnt, solche Experimente anzustellen, wie sie leider mitunter von manchen Machwerken des niedersten Okkultismus suggeriert werden. Selbst dem gründlichen Kenner der magischen Wissenschaften können solche Versuche früher oder später zum Verhängnis werden. Es seien verschiedene auf die Räucherungen sich beziehende interessante Stellen aus den leider viel zu wenig gelesenen

tiefgründigen Werken C. von Eckartshausens nachstehend mitgeteilt: „Ein Reisender lehrte mich, selbst Erscheinungen mit Rauchwerk machen. Da ich mein Leben durch sehr begierig auf derlei Sachen war, so machte mich der Zufall mit einem Schottländer bekannt, den ich über verschiedene wunderliche Dinge sprach. Er äußerte sich gegen mich, dass er das Geheimnis besitze, verstorbene und abwesende Personen mittels eines Rauchwerks erscheinen zu lassen. Ich bat ihn, mir dieses zu zeigen. Er versprach mir's und ging somit zu Werke. Nach einer gewissen Verabredung, der ich mich unterwarf und die ich unten beschreiben will, war der Tag und die Stunde bestimmt. Er kam, und ich sagte ihm die Person, die ich sehen wollte. Er warf ein gewisses Rauchwerk in die Glutpfanne, und bald schien mir, wie sich der Rauch zu einem Körper bildete, und es däuchte mich, die Person zu sehen, die ich begehrte. Nach einer Weile, als die Erscheinung wieder verschwand, war mir, als ob ich aus einem Schlafe erwachte. Ich wusste nicht gewiss, ob ich geträumt hatte oder ob es Wirklichkeit war. Auch däuchte mich, hätte ich mit dem Geschöpf gesprochen, und ich fragte auch wirklich den Fremden hierüber, der mir antwortete, es hätte ihn ebenso gedäucht, er hätte aber nichts Deutliches verstanden und er fühle sich ebenfalls sehr wunderlich nach dieser Erscheinung. Der Fremde machte mir kein weiteres Geheimnis aus der Sache und fing so zu mir an:
Sie sahen das Experiment, was es ist; wie es geschieht, das kann ich Ihnen nicht erklären. Auf meiner Länderreise lernte ich das Geheimnis von einem Juden, der lange Zeit in Arabien war und es als ein großes Geheimnis der Araber ausgab. Um Sie zu überzeugen, dass ich redlich mit Ihnen zu Werk gehe, will ich Ihnen die Ingredenzien sagen, aus denen der Rauch verfertigt ist. (Hier erzählte mir der Fremde die Bestandteile des wunderbaren Rauchwerkes.) Diese Ingredenzien werfen Sie auf eine Kohlenpfanne mit dem ernstlichen Willen, dass die Person sich sichtbar zeigen soll, die man begehrt. Doch muss diese Vorbereitung vorangehen. Ich übergebe sie hier geschrieben, wie ich solche von dem Juden erhielt. Ob sie einen Bezug zur Sache hat oder nicht, weiß ich ebenso wenig; allein der Jude versicherte mir, dass man diese Vorbereitung nicht unterlassen könnte, ohne sich einem widrigen Zufall auszusetzen, welches ich bisher, da ich die Natur der Sache zu wenig kannte, nicht wagen wollte".
Hier folgen verschiedene Vorschriften, die das Nüchternbleiben usw. betreffen. Besonders interessant ist für uns der 7. Punkt, der sagt „Versprechen Sie mir bei Ihrer Ehre und Ihrem Gewissen, dass Sie die

Person, die Sie begehren, aus keiner unedlen Absicht sehen wollen. Wenn sie lebend ist, so versprechen Sie mir, dass Sie dieselbe nicht zu einer Stunde sehen wollen, in der sie entweder im Gebete oder in einem pflichtgemäßen Geschäfte ihres Standes oder aber in einer tugendhaften Handlung begriffen ist".

Diese eigenartige Vorschrift lässt die Vermutung aufkommen, dass die durch die betreffende Räucherung hervorgerufenen Erscheinungen tatsächlich auf einer durch fremden Willen ausgeführten Trennung des Astralkörpers vom lebenden Zellenorganismus beruhen, wie der bekannte Forscher des Okkultismus Karl Kiesewetter mit Recht annimmt. Wie ist aber diese Fernwirkung zu erklären? Vermutlich beruht sie auf einer Hypnose, die durch die ausgesandte, stark aktivierte Gedankenform des Magiers hervorgerufen wird, ohne dass dieser selbst vielleicht sich seiner hypnotischen Handlung vollständig bewusst ist. Sympathische Verbindung zwischen den Personen erleichtert natürlich noch mehr derartige Phänomene. Eine gewisse organische Prädisposition auf der einen oder andern Seite dürfte wohl dabei auch mitspielen. Außerdem wirken die in den Räucherungen enthaltenen Alkaloide günstig in Hinsicht auf die „Monoideen" des Beschwörenden, der dadurch unbewusst in die Lage versetzt wird, seinen starken Wunschgedanken konzentriert in eine bestimmte Richtung zu senden und in der passiven Person geistig-dynamisch zu wirken, so dass eine Fernhypnose durch Verdrängung des Eigenwillens durch einen fremden und das darauffolgende Trennen des astralen vom materiellen Körper durchaus möglich erscheint.

Es fehlt nicht an derartigen Beispielen, besonders in der älteren okkultistischen Literatur. Ein solches liefert uns z. B. auch Luther in seinen „Tischreden" (Ed. Förstemann, Bd. III): „Zu Erfurt waren zwei Studenten, unter denen einer eine Jungfrau also lieb hatte, dass er auch schier darüber wäre wahnwitzig worden. Da sprach der andere, von dem er nicht wusste, dass er ein Schwartzkünstiger war: „Wiltu sie nicht herzen und in die Arme nehmen, so will ich machen, dass sie soll zu dir kommen". Da der es zusagte, brachte er es mit seiner schwarzen Kunst zu Wege, dass die Jungfrau zu ihm kam. Und da sie in die Stube zu ihm hinein ging, wie es denn eh sehr schön Mensch war, empfing er sie so freundlich und redete mit ihr, dass der Schwarzkünstler immer Sorge hatte, er würde sie herzen. Und da der Student sich vor großer Liebe nicht enthalten konnte, herzete er sie. Da fiel sie nieder und starb. Da sie nun also tot lag, erschraken sie sehr. Sprach der Schwartzkünstler: „Nun müssen wir das Äußerste versuchen".

Und machte, dass der Teuffel sie wieder hintrug. Und thät, was sie zuvor im Hause gethan hatte; sie war aber sehr bleich und redete nichts. Nach drei Tagen gingen die Eltern zu den Theologen und fragten sie um Rath, was man doch mit ihr thun sollte. Da dieselben sie nun hart anredeten, wich der Teufel von ihr und flohe, und der todte Leib fiel stracks nieder mit einem großen Stank. Denn das Blut ist ein Ursach einer guten Farben, und die lebendige Spiritus desselben kann der Teuffel nicht machen, sondern Gott allein ist der Schöpfer".

Auch durch die Anwendung der sogenannten Hexensalben, die ähnliche Narcotica enthalten wie die vorhin erwähnten Räuchermittel, wird die Exteriorisation des Astralleibes ermöglicht. Ich werde noch an anderer Stelle darauf zurückkommen.

Eckartshausen erzählt weiterhin, dass er einige Zeit nach der Abreise des Fremden selbst das Experiment mit der Räucherung für einen Freund machte. Dieser sah wie Eckartshausen auf die nämliche Art und hatte dieselben Empfindungen.

„Die Beobachtung, die wir machten, war diese: Sobald der Rauch in die Kohlenpfanne geworfen wird, bildet sich ein weißlicher Körper, der über der Kohlenpfanne in Lebensgröße zu schweben scheint. Er besitzt die Ähnlichkeit mit der zu sehen begehrten Person, nur ist das Gesicht aschfarbig. Wenn man sich der Gestalt nähert, so fühlt man einen Gegenstand, so etwa, als wenn man gegen einen starken Wind ginge, der einen zurückstößt. Spricht man damit, so erinnert man sich des Gesprochenen nicht mehr deutlich, und wenn die Erscheinung verschwindet, so fühlt man sich, als erwache man aus einem Traume. Der Kopf ist betäubt. Überhaupt fühlt man ein Zusammenziehen im Unterleib; auch ist es sehr sonderbar, dass man die nämliche Erscheinung wieder ansichtig wird, wenn man im Dunkeln ist oder auf dunkle Körper sieht".

Die „dramatische Spaltung des transzendentalen Subjekts" hat in besonderem Maße Du Prel beschäftigt, der in seinen Schriften, besonders aber in seiner Arbeit über den „Dämon des Sokrates", die es psychische Phänomen zu erklären versucht. Es würde an dieser Stelle zu weit führen, ausführlich auf die Du Prel'sche Theorie einzugehen. Der Schlüssel derselben ist die Annahme, dass die bewegliche Empfindungsschwelle die Bruchfläche sowohl der psychologischen wie der metaphysischen dramatischen Spaltung ist. Daraus lässt sich das Wahrnehmen transzendentaler Wesen, der Verkehr mit ihnen im Wachen, im Traum und im somnambulen Zustand erklären.

Nach dieser kurzen philosophischen Abschweifung sei noch eine interessante und wenig bekannte, gewissermaßen geschichtlich zu nennende Dämonenbeschwörung mitgeteilt, die im 16. Jahrhundert stattfand und die den berühmten Künstler Benvenuto Cellini zum Haupthelden hat. Dieser spricht davon in seiner von Goethe übersetzten Selbstbiographie. Dabei spielt die Räucherung wieder eine große Rolle. Inwieweit die sinnliche Wahrnehmung dabei subjektiver oder objektiver Natur ist, muss man – mit Kiesewetter als unentschieden ansehen.

Benvenuto Cellini hatte sich aus Verzweiflung über eine unglückliche Liebe Ausschweifungen hingegeben und berichtet nun folgendermaßen: „Unter solchen Ausschweifungen hatte ich gelegentlich mit einem gewissen sizilianischen Geistlichen Freundschaft gemacht; er war von erhabenstem Geiste und wohl im Griechischen bewandert. Einstmals, durch eine besondere Wendung des Gesprächs, kamen wir auf die Zauberei zu reden und ich sagte, wie sehr ich mein ganzes Leben durch verlangt hätte, irgend etwas von dieser Kunst zu sehen und zu spüren. Darauf versetzte der Priester: „Zu einem solchen Unternehmen gehört ein starkes und sicheres Gemüt". Ich erwiderte, dass ich Stärke und Sicherheit wohl zeigen wolle, wenn sich nur die Art und Weise fände, ein solches Werk zu unternehmen. Darauf antwortete der Priester: „Wenn Dir am Anschauen solcher Dinge genug ist, so will ich deine Neugierde sättigen". Wir wurden eins, das Werk zu unternehmen, und eines Abends machte sich der Priester bereit, indem er mir sagte, ich solle einen oder auch zwei Gefährten suchen. Da rief ich Vincenzio Romoll, meinen besten Freund, welcher einen Pistojeser mit sich nahm, der sich auch auf die Schwarzkünstelei gelegt hatte. Wir gingen zusammen ins Colisee. Dort kleidete sich der Priester nach Art der Zauberer, zeichnete Zirkel auf die Erde mit den schönsten Zeremonien, welche man sich auf der Welt nur denken kann. Er hatte uns Zaffetica (Asa foetida) mitbringen lassen, kostbares Räucherwerk und Feuer, auch böses Räucherwerk. Als alles in Ordnung war, machte er das Tor in den Zirkel und führte uns bei der Hand hinein; dem andern Schwarzkünstler befahl er, das Räucherwerk nach Bedarf ins Feuer zu werfen. Uns überließ er die Sorge, das Feuer zu unterhalten und die Spezereien darzureichen. Dann fing er die Beschwörungen an, welche über anderthalb Stunden dauerten. Darauf erschienen manche Legionen Teufel, so dass das Colisee voll ward. Ich war mit den köstlichen Spezereien beschäftigt, und als der Priester eine große Menge Geister bemerkte, wandte er sich zu mir und sagte: „Verlange was von ihnen!"

Ich versetzte: „Sie sollen machen, dass ich wieder mit meiner Sizilianerin zusammenkomme".

Diese Nacht erhielten wir keine Antwort, ob ich gleich sehr zufrieden über diese Begebenheit war. Der Nekromant behauptete, wir müssten noch ein andermal hingehen. Ich würde dann in allem, was ich verlangte, vollständig befriedigt werden; aber ich müsste einen unschuldigen Knaben mitbringen. Ich nahm einen Lehrknaben, ungefähr zwölf Jahre alt, und berief von neuem Vincenzio Romoli, und da ein gewisser Agnolino Gaddi unser Hausfreund war, nahm ich auch diesen mit zu unserer Unternehmung. Wir kamen an den vorigen Ort, der Nekromant machte wieder seine Vorbereitung, und mit derselben, ja mit einer noch wundersamem Ordnung brachte er uns in den Zirkel, den er von neuem mit mehr Kunst und Zeremonien bereitet hatte. Vincenz und Agnolino besorgten das Räucherwerk und das Feuer, mir gab er ein Pentakel in die Hand und sagte, er würde mir die Gegenden zeigen, wohin ich's zu wenden hätte.

Nun fing der Nekromant die schrecklichsten Beschwörungen an. Er rief beim Namen eine Menge solcher Teufel, die Häupter der Legionen waren, und beschwur sie im Namen und Gewalt Gottes, des unerschaffenen lebendigen und ewigen, und das in hebräischen Worten, auch mitunter in genugsamen griechischen und lateinischen, so dass in kurzer Zeit bei einhundertmal mehr erschienen und das Colisee erfüllten. Vincenz Romoll und Gaddi unterhielten das Feuer und sparten das kostbare Rauchwerk nicht; mir aber gab der Nekromant den Rat, abermals zu verlangen, dass ich mit meiner Angelica sein möchte. Ich tat es, und er wendete sich zu mir und sagte: „Hörst du, was sie sprachen? In Zeit eines Monats soll sie bei dir sein". Darauf bat er mich von neuem, ich möge nur festhalten, denn es wären wohl eintausend Legionen mehr, als er verlangt habe, und sie seien von der gefährlichsten Art. Da sie aber doch mein Begehren erfüllt hätten, so müsste man ihnen freundlich tun und sie geduldig entlassen.

Nun fing das Kind, das unter dem Pentakel war, zu jammern an und sagte, es seien eintausend der tapfersten Männer beisammen, die uns alle drohten; dann sah es noch vier ungeheure Riesen, bewaffnet und mit der Gebärde, in den Kreis einbrechen zu wollen.

Indessen suchte der Nekromant, der vor Furcht zitterte, sie auf die sanfteste und gefälligste Weise, so gut er konnte, zu entlassen. Vincenzio Pomoli, der über und über zitterte, hörte nicht auf zu räuchern; ich fürchtete mich so sehr wie die andern, ließ es aber weniger merken und sprach ihnen allen Mut zu. Gewiss, ich war halb tot, als ich den Nekromanten in so großer

Angst sah. Das Kind hatte den Kopf zwischen die Knie gesteckt und sagte: „So will ich sterben, denn wir alle kommen um, alle zusammen!"

Da sagte ich zum Knaben: „Diese Kreaturen sind alle unter uns, und was du siehst, ist Rauch und Schatten, hebe nur die Augen ohne Furcht auf!"

Das Kind blickte hin und sagte von neuem: „Das ganze Colisee brennt, und das Feuer kommt auf uns los!"

Es hielt die Hände vors Gesicht, rief, es sei tot, und wollte nichts mehr sehen. Der Nekromant empfahl sich mir, bat, ich möchte nur festhalten und stark mit Zaffetica räuchern. Ich wendete mich zu Vincenzio und sagte, er möge schnell Zaffetica ausstreuen. Indem betrachtete ich den Agnolino, der so erschrocken war, dass ihm die Augen in die Quere standen und er halb tot schien. „Agnolo", rief ich, „hier ist nicht Zeit sich zu fürchten; mache dir was zu tun, rühre dich und streue schnell die Zaffetica!"

Agnolo, indem er sich bewegen wollte, verunreinigte sich mit so heftigem Getöse, dass die Kraft der Zaffetica nur gering dagegen war. Das Kind erhob bei diesem Schall und Gestank ein wenig das Gesicht, und da es mich lächeln sah, erholte es sich ein wenig von seiner Furcht und sagte, sie zögen sich mit Macht zurück.

So blieben wir, bis die Morgenglocke zu läuten anfing, worauf das Kind sagte, nur wenige seien zurückgeblieben und sie stünden von ferne. Der Nekromant vollbrachte nun seine Zeremonien, zog sich aus, nahm seinen großen Pack Bücher zusammen und wir verließen mit ihm auf einmal den Kreis. Einer drückte sich an den andern, besonders hatte sich das Kind in die Mitte gedrängt, indem es den Nekromanten bei der Weste und mich beim Überkleid hielt. Beständig, bis wir zu unsern Häusern unter den Bänken gelangt waren, versicherte es uns, zwei von denen, die es im Colisee gesehen habe, spazierten mit großen Sprüngen vor uns her und liefen bald über die Dächer, bald über die Straßen. Der Nekromant sagte, so oft er auch schon im Kreis gewesen, sei ihm doch niemals so Außerordentliches begegnet. Er bat mich, dass ich ihm beistehen solle ein Buch zu weihen, dass uns unendliche Reichtümer bringen sollte, denn die Teufel müssten uns die Schätze zeigen, deren die Erde voll sei, und auf diese Weise müssten wir die reichsten Leute werden".

Diese an charakteristischen Einzelheiten überaus reiche und interessante Beschreibung der Geisterbeschwörung im Koliseum von Rom trägt durchaus den Stempel des wahren Erlebnisses an sich. Sicherlich spielen subjektive Wahrnehmungen bei derartigen Beschwörungsszenen eine nicht zu unterschätzende Rolle, doch lässt sich ein gewisses Maß objektiver

Erscheinungen nicht leugnen. Es wird im allgemeinen die ungeheuer starke, formenbildende psychische Kraft, die bei energischen Gedanken- oder Wunschkonzentrationen frei wird, unterschätzt. Ein Großteil der bei spiritistischen Sitzungen stattfindenden physischen Phänomene lassen sich auf die Wirkung von „Einheitsgedanken" zurückführen, die in einem oder mehreren geeigneten Medien, d. h., in lebenden Organismen mit einer sich im Überschuss befindenden latenten psychischen Kraft, meistenteils unbewusst den von ihnen benötigten psychisch-physischen Mittler und Bildner finden. An den Platz von Medien können ganz oder teilweise auch Astrallarven, Elementale oder Naturgeister, selbst pflanzliche oder mineralische Kraftprinzipe usw., treten, besonders wenn es sich um magische Beschwörungen handelt. Erdmagnetische, meteorologische und andere Strahlungsfaktoren – auch kosmischer Herkunft – sind von nicht zu unterschätzendem Einfluss bei allen magischen Praktiken und daher wohl zu beachten. Heute noch sind solche Beschwörungen, besonders in außereuropäischen Ländern, äußerst häufig. So ist es beispielsweise in Südamerika, wie ich in meiner Artikelserie über südamerikanische Magie ausführte, durchaus gang und gäbe, sich bei Lebensschwierigkeiten der verschiedensten Art an einen der zahlreichen „caboclos" zu wenden, der gewöhnlich durch niederste, mitunter geradezu scheußliche Praktiken der schwarzen Magie einen Erfolg erreichen will und oft auch erreicht.

Im oben zitierten Fall Cellini blieb der Erfolg gleichfalls nicht aus. Einige Zeit nach der Beschwörungszeremonie kam der Künstler mit einem römischen Notar namens Bendetto in Streit, wobei letzterer von Cellini so schwer verwundet wurde, dass dieser auf Befehl des Papstes gehängt werden sollte. Es gelang dem Künstler nach Neapel zu fliehen, wo er durch „Zufall" wieder seine Angelica traf, die ihm einen überaus zärtlichen Empfang bereitete. In diesem Augenblick kam es dem Künstler zum Bewusstsein, „dass an diesem Tag der Monat um sei, und dass ich nach dem Versprechen der bösen Geister meine Angelica nun besitze. Da bedenke nun ein jeder, der sich mit ihnen einlässt, die großen Gefahren, durch die ich hatte gehen müssen!"

Die Umstände, unter denen Cellini dazu kam, seine Geliebte wiederzufinden, sind höchst merkwürdig und lassen den Schluss zu, dass tatsächlich außerhalb ihm selbst liegende Einflüsse den Gang der Ereignisse wenigsten teilweise gelenkt haben. Es ist nicht anzunehmen, dass der Künstler den Streit mit dem Notar vom Zaune brach, um vom Papst zum Hängen verurteilt zu werden und Fluchtgelegenheit zu erhalten.

Es wäre für ihn viel einfacher gewesen, direkt nach Neapel zu fahren, wenn bewusste hellseherische oder gefühlsmäßige Umstände überhaupt bei diesem Wiederfinden in Frage kommen. Dazu kommt noch der Zeitfaktor. Eine Erklärung, die sich auf einen „Zufall" stützen wollte, wäre hier in Anbetracht der vielen, durchaus logisch ineinandergreifenden Ereignisse gewiss mehr als lächerlich. Man kann also tatsächlich einen von dem Individuum getrennten Einfluss, eine Schicksalslenkung, feststellen, die im dargestellten Fall wirklich dämonischen Ursprungs zu sein scheint. Dieses Beispiel einer Beschwörung möge genügen.

Oft führen derartige Handlungen höchst ernste und gefährliche Folgen herbei. Der die magischen Praktiken Ausübende ist mitunter nicht mehr imstande, sich des Ansturmes der von ihm entfesselten Kräfte oder Einflüsse zu erwehren, und es kommt dann zu einem mehr oder minder großen Grad von Besessenheit, die in den schwersten Fällen zur Tobsucht, zum völligen Wahnsinn, Mord und Selbstmord führen kann. Ich hatte Gelegenheit, in Südamerika viele Besessenheitsfälle zu studieren, und kann ruhig behaupten, dass ein ungemein hoher Prozentsatz der dort in den Irrenhäusern internierten Personen einzig und allein das Opfer der Praktiken eines niedersten Spiritismus ist, der in allen lateinamerikanischen Republiken eine geradezu unglaubliche Verbreitung gefunden hat. Die meisten dieser armen Opfer werden natürlich offiziell als unheilbar bezeichnet. Es wäre heiligste Pflicht der Psychiater sich der Erkenntnis nicht zu verschließen, dass die Mehrzahl aller Irren und Besessenen – insoweit nicht schwere organische Läsionen des Gehirn- oder Nervensystems in Frage kommen – sehr wohl durch eine geeignete psychische Behandlung in Verbindung mit einer rein pflanzlichen Diät geheilt werden können. Zu dieser Behandlung gehören auch Sonnen-, Luft- und Wasserbäder, sowie magnetisch-hypnotische und gewisse magische Handlungen, welche die modernen Heilkünstler leider noch als baren Unsinn bezeichnen. Oft und oft schon ist der Okkultismus auf so manchem Gebiet bahnbrechend gewesen. Warum verschließt sich die offizielle Wissenschaft obstinat der Erkenntnis, dass gerade auf psychischem Wege mehr zu erreichen ist als mit allen grobmateriellen Mitteln, die das Heer der sogenannten geistig Unheilbaren einem Abgrund zutreiben, aus dem es dann kein Entrinnen mehr gibt?

Es gelang mir in Rio de Janeiro im Jahre 1922 nach dreitägiger, allerdings furchtbar aufreibender, magnetisch-hypnotischer Behandlung und mittels gewisser magischer Handlungen die vollständige Heilung eines jungen

Mädchens, das jahrelang nur mit Hilfe von Krücken gehen konnte und von den Ärzten als unheilbar paralytisch bezeichnet worden war. Die Eltern des Mädchens hatten sogar nicht die Reise nach Europa gescheut, um Pariser Spezialisten zu konsultieren, die außer der Applikation einer Serie von Injektionen nichts anderes mit der Patientin anzufangen wussten. Ich werde gelegentlich in einem besonderen Aufsatz diesen Fall ausführlich beschreiben, dessen detaillierte Mitteilung an dieser Stelle zu weit führen würde. Der Fall war eine klassisch zu nennende Besessenheit, die ich durch einen Zufall entdeckte. Das Mädchen hatte nach der Behandlung niemals mehr einen Rückfall, entwickelte sich in auffallend rascher Weise und ist nun schon seit einigen Jahren verheiratet.

Im Mittelalter wurden wohl größtenteils die in Wirklichkeit von einem oder mehreren Dämonen besessenen Personen einfach der Inquisition überliefert und nach dem Geständnis als Hexen oder Hexer verbrannt. Allerdings dürfte es, wie bereits erwähnt, auch vorgekommen sein, dass viele unter ihnen bei den Beschwörungszeremonien einen allzugroßen Eifer an den Tag legten, welcher die invozierten Gewalten oder Intelligenzen, anstatt dem Beschwörenden zu gehorchen oder dienen, einfach von ihm Besitz nehmen ließ.

Gewöhnlich bemerkt man bei der Besessenheit keinerlei äußere oder innere Läsion des Organismus. Die besessene Person wird in mehr oder minder heftiger Weise unter dem Einfluss einer geheimnisvollen, unsichtbaren Kraft hin- und hergeworfen. Sehr oft machen sich die dämonischen Intelligenzen durch den Mund des Besessenen selbst hörbar, manchmal unter entsetzlichem Gebrüll, das einem tatsächlich gruseln und die Haare zu Berg stehen macht, oder in undefinierbaren Lauten, auch in fremden, mitunter gänzlich unbekannten Sprachen. Schon in der Heiligen Schrift findet man zahlreiche Besessenheitsfälle angeführt. Besonders häufig waren sie auch im Mittelalter. Es mag sein, dass die Teufelspsychose dabei eine Hauptrolle spielte und die Personen besonders empfindlich für den Einfluss dämonischer Kräfte machte. Wenn man bedenkt, dass Massengedanken eine ungeheure suggestiv-dynamische Wirkung haben, die sich gegenseitig hochschraubt, dann wird man den Einfluss des intensiven Teufelsglaubens und der dadurch entstandenen krystallisierten Gedankenformen auf analog disponierte Gemüter nicht unterschätzen.

In einem äußerst seltenen Werk von Abraham Palingh ('t Afgerukt Mom-Aansight der Tooverye, Amsterdam 1725), das ein langes Gespräch zwischen den Hexenmeistern Eusebius, Mantus und Tymon wiedergibt, sieht man zahlreiche und sehr interessante Stiche, auf denen Besessenheitszenen dargestellt sind. Mitunter sind die Berichte über Besessenheitsfälle von einer kindlichen Naivität. Der heilige Gregorius der Große erzählt beispielsweise („Dialoge") den höchst merkwürdigen Fall einer römischen Nonne, die im Klostergarten spazieren ging und plötzlich ein unwiderstehliches Verlangen nach einem Blatt Salat hatte. Sie brach dasselbe ab, vergaß aber darüber das konventionelle Segenszeichen zu machen und gab dadurch einem auf dem Blatt sitzenden Dämon Gelegenheit, von ihr Besitz zu nehmen. Man holte den durch seine Exorzismen berühmten Pater Egnitius. Sowie dieser da war, begann der Dämon durch den Mund der Nonne zu weinen und zu jammern: „Was habe ich denn getan? Ich saß auf diesem Blatt Salat (sedebam ibi super lactucam). Dieses Weib nahm es und biss hinein!" Der Pater veranlasste diesen Salatdämon durch seine Exorzismen, den Körper der Nonne zu verlassen.

Ein wirklich sehr merkwürdiger Fall aus dem Mittelalter spielte zum Teil in Böhmen, zum Teil in Italien und ist, obwohl noch heute an Ort und Stelle ersichtlich, wohl allgemein unbekannt. In der Vishrader Kirche zu Prag soll ein Priester namens Wazlaga Kralizec einem Dämon befohlen haben, den Körper einer Besessenen zu verlassen und dafür ihn selbst in Besitz zu nehmen, wenn es dem Dämon gelänge, sofort nach Rom zu eilen und eine Säule aus der Kirche Santa Maria in Trastevere herzubringen, ehe der Introitus der Messe daselbst begonnen habe. Der böse Geist holte die Säule. Aber der Priester in Rom hatte schon die Messe beendet und sagte das letzte Evangelium. Aus Wut darüber ließ der Dämon die Säule zu Boden fallen, die in mehrere Stücke zerbrach und auch einige Personen tötete. Das besessene Weib aber war geheilt. Die insgesamt zirka 6 m lange Säule kann man noch in der Vishrader Kirche unter einem alten Freskengemälde sehen, das die Szenen dieser merkwürdigen Geschichte darstellt. Besonders interessant ist aber, dass tatsächlich in der Kirche Santa Maria in Trastevere zu Rom auf einer Seite 16, auf der andern nur 15 Säulen stehen, die der in Prag befindlichen gleichen. Anstelle der fehlenden Säule steht ein Altar, auf dem gleichfalls in alten Fresken dieselbe Begebenheit bildlich festgehalten ist. Es wäre jedenfalls interessant, in den vielleicht noch erhaltenen Kirchenarchiven beider Stellen Nachforschungen zu halten, die ein Licht in diese wirklich ungemein merkwürdige Angelegenheit bringen könnten.

Dass seinerzeit sehr oft die Anwendung von Exorzismen notwendig war, ist schon daraus ersichtlich, dass die katholische Kirche die Funktion eines Exorzisten von den andern priesterlichen Obliegenheiten trennte und einen besonderen Orden dafür gründete. Mitunter waren nicht genug Exorzisten vorhanden und es kam selbst Frauen zu, wie der heiligen Katharina von Sienna, das gefährliche und aufreibende Amt auszuüben. Die ganze Liturgie der katholischen Kirche ist voll von Exorzismen. Das Segnen des Salzes, des Wassers, der Nahrungsmittel, die Sakramente, besonders die Taufe und die letzte Ölung sind nichts anderes als Exorzismen. „Exorciso te immundo spiritus!"

Zahlreiche derartige, wenig bekannte und äußerst wirksame Formeln findet man in dem sehr interessanten „Ordo baptizandi" (bei Aegidius Regazela, Venedig 1575). In diesem Werk sind die Originalexorzismen des heiligen Ambrosius, des hl. Cyprian, die „Luciferina" usw. enthalten. Die Bedeutung, welche man der Besessenheit und den Exorzismen beilegte, geht deutlich aus der großen Anzahl der Drucke, die sich damit beschäftigten, hervor. Der Pater Hieronymus Mengus gab gegen das Ende des 16. Jahrhunderts zwei derartige Sammlungen heraus („Fustis daemonum" und „Flagellum daemonum exorcismos terribiles complectens"). Ein Antwerpener Kanonikus namens Maximilian ab Eynatten veröffentlichte im Jahre 1678 ein äußerst vollständiges „Manuale Exorcistarum", worin man sogar Formeln zum Exorzieren von Tieren und Ehemännern findet, die durch dämonische Einflüsse ihrer Manneskraft beraubt sind (Nestelknüpfen!). Bei David Irrbisch erschien (Freiburg (Schweiz) 1663) ein anderes derartiges Werk („Nucleus continens Benedictiones rerum diversarum, item exorcismos ad varia maleficia expellenda"), das wohl die vollständigste Sammlung von Exorzismen enthält, denn es gibt sogar an, wie man von Seidenkokons Dämonen fernhalten kann (Benedictio seminis bombicum)! Auch Beschwörungen schädlicher Tiere, wie Schlangen, Würmer, Mäuse usw., sind angegeben. Äußerst zahlreich sind auch die Holzschnitte, Kupfer- und Stahlstiche aus dem 14.-18. Jahrhundert, worauf Besessenheitszenen oder Exorzismen dargestellt werden, deren nähere Beschreibung oder Aufzählung sich hier erübrigt.

Ehe ich dazu übergehe, ausführlicher auf den Fall von Massenbesessenheit im Ursulinenkloster von Loudun zurückzukommen, will ich noch kurz eine Auslese sehr merkwürdiger Begebenheiten mitteilen, die ich einem seltenen kleinen Werkchen aus meiner Sammlung entnehme („Dissertation sur les malfices et les sorciers", Tourcoing, 1752). Darin berichtet der anonyme

Verfasser (nach dem „Dictionnaire des Anonymes" von Barbier ist es der den okkulten Forschern wohlbekannte Abbe Vallemont) von einem Mädchen aus Orbec (Normandie), das von dem Arzt Mr. de St. Andre behandelt wurde. Das Merkwürdige an dieser Patientin war, dass man ihrem Körper eine Unmenge von Nadeln entnahm, ohne dass die geringste Wunde erkennbar gewesen wäre. Der Verfasser des obigen Büchleins hat persönlich einen ähnlichen Fall in Tourcoing untersucht, wobei die besessene Person, gleichfalls ein Mädchen, tausende von Nadeln im Körper hatte, von denen nie festgestellt werden konnte, wie sie hineingekommen waren. Dieses Mädchen litt aber darunter sehr, denn jede Nadel, die aus dem Körper an den verschiedensten Stellen zum Vorschein kam, verursachte eine schwer zu heilende Wunde. Während eines Zeitraumes von 9 Jahren war das arme Geschöpf derart gequält und stellte, wie sich der Verfasser drastisch ausdrückt, ein „unerschöpfliches Bergwerk von Nadeln" dar. Trotz aller Leiden war die zum Skelett abgemagerte Patientin von einer geradezu übernatürlichen Heiterkeit. Ihre ganze Haut war eine einzige Wunde. Sie sprach, sang und lachte, als ob sie nichts hätte. Die bedeutendsten Ärzte, Wissenschaftler, Vertreter der weltlichen und kirchlichen Obrigkeit waren Zeugen dieses absolut unerklärlichen Falles, bei dem jede Taschenspielerei ausgeschlossen erscheint.
Noch zwei ähnliche Fälle sind in dem Büchlein zitiert. Henricus ab Heer („Observ. medic. rararum", obs. 8) beobachtete ein 9-jähriges Mädchen, das nach heftigen Schmerzen und Krämpfen Muschelschalen, Glasscherben, Näh- und Stecknadeln – noch auf dem Papier aufgesteckt, wie sie verkauft werden – und selbst ein handlanges Messer erbrach.
Zacutus Lusitanus („De praxi medica mirab.", libr. 3, obs. 139) beobachtete einen andern Fall, wo ein Mädchen Broncenadeln erbrach.
Es ist natürlich leicht, derartige schwer oder einstweilen noch gar nicht zu erklärende Vorkommnisse mit dem bequemen Wort „Hysterie" abzutun. Dass aber mitunter solche hysterische Personen monatelang ohne jegliche Nahrung leben können, dass sie zeitweise ihr Körpergewicht von der extremsten Leichtigkeit zur Bleischwere verändern und in diesem Zustande beispielsweise selbst von vier starken Männern nicht einen Zoll weit vorn Platz gerückt werden können, dass sie Vorgänge haarklein beschreiben, die sich kilometerweit von ihnen zutragen und selbst noch in weiter Zukunft liegende Ereignisse genau voraussehen, lässt sich auf keinen Fall nur durch einen nichtssagenden, wenn auch vielleicht hochwissenschaftlichen Ausdruck erklären. Ein solcher vermag wohl den Kurzdenkenden zu

befriedigen, nicht aber den ernsten, tiefer schürfenden Forscher der sogenannten okkulten Vorgänge. Dass diese okkulten Phänomene nicht übernatürlich sind, dass es überhaupt nichts Übernatürliches gibt, sondern nur Übersinnliches – oder auch Untersinnliches – müsste vor allem allgemein erkannt werden. Wenn die Anhänger der rein materialistischen, noch offiziellen und exakten Schulweisheit und auch ein weiteres Publikum das leider von Anfang an schlecht gewählte Wort Okkultismus so auffassen wollten, wie es zu verstehen ist, nämlich als das Erforschen des Okkulten, des Verborgenen, der wenig oder unbekannten Natur- und Geisteskräfte, dann würde es den Geheimwissenschaft Betreibenden sicher nicht mehr als Lächerlichkeit angerechnet werden, sich mit derartigem Humbug abzugeben.

Doch kehren wir wieder zu unserem eigentlichen Thema zurück. Im Nachstehenden teile ich den vorerwähnten Massenbesessenheitsfall aus dem 17. Jahrhundert ausführlicher mit, denn er erregte seinerzeit ungeheures Aufsehen und enthält eine Fülle von sehr interessanten und lehrreichen Einzelheiten, die dem deutschen Leser wohl nicht allgemein bekannt sein dürften. Die Angaben beruhen ausschließlich auf zeitgenössischen Berichten, sowie auf Manuskripten oder Akten, unter anderem aus der Pariser National- und Arsenalbibliothek.

Der berühmte Prozess Urbain Grandier aus dem Jahre 1632 ist derart mit den Vorgängen im Ursulinerkloster von Loudun verknüpft, dass man nicht die letzteren beschreiben kann, ohne den ersteren zu erwähnen. Dass diese Fälle in der damaligen Zeit, besonders von Seite der Reformierten, zu Parteiinteressen ausgenützt wurde, dass viel pro und contra geschrieben wurde, versteht sich von selbst, soll uns aber hier nicht weiter beschäftigen. Wer sich hierfür interessiert, sei auf die ausführliche Arbeit des Kalvinisten Aubin verwiesen, der im Jahre 1693 zu Amsterdam eine „Histoire des diables de Loudun" veröffentlichte. Erwähnenswert sind auch die anonym erschienenen Arbeiten von Pilet de la Mesnardiere, besonders „Recit veritable de ce qui s´est passe a Loudun etc." (Paris 1634), sowie von Surin, hauptsächlich „Relation de ce qui s´est pass aux Exorcismes des Religieuses Usulines etc." (Poitiers 1635).

Kurze Zeit vor dem Jahre 1632 wurde in Loudun ein Ursulinerkloster gegründet, das besonders Lehrzwecken dienen sollte. Aus einem Bericht, der im „Mercure francais" 1634 erschienen ist, kann man ersehen, dass das Kloster sehr angesehen war und viel Gutes wirkte. Ein allgemein verehrter Priester namens Moussault war der Direktor der Anstalt bis zu seinem Tode im Jahre 1632. Dieser Verlust sollte für das Kloster die weittragendsten Folgen haben.

Der Pfarrer Urbain Grandier von Saint-Pierre de Loudun, ein geistreicher und sehr gelehrter Mann, war zu gleicher Zeit überaus luxusliebend und sinnlich veranlagt. Durch ein geschicktes Doppelspiel hatte er es verstanden, über seine Pfarrkinder, besonders die weiblichen, einen großen, jedenfalls hypnotischen Einfluss zu gewinnen. Dieser Pfarrer wollte den verstorbenen Direktor Moussault ersetzen. Die Mehrzahl der Nonnen, die der weltgewandte und physisch sehr anziehende Mann für sich eingenommen hatte, waren mit seinen Projekten einverstanden. Trotzdem wurde er nicht gewählt, da Grandier bei der kirchlichen Obrigkeit nicht gut angeschrieben war. An seiner Stelle erhielt ein als sehr tugendhaft bekannter Priester Mignon die Leitung der Lehranstalt im Ursulinerkloster, was den Ehrgeiz und Stolz Grandiers auf das Äußerste verletzte. Von diesem Augenblick an begannen die merkwürdigen Ereignisse bei den Ursulinerinnen.

In einer Nacht des Jahres 1632 hatte eine der Schwestern eine Erscheinung. Ein Gespenst trat in ihre Zelle ein. Ein rötlicher Lichtschein umgab die Gestalt, in der die Nonne ihren verstorbenen Direktor Moussault erkannte. Er beruhigte die zitternde Frau mit gütigen Worten und teilte ihr mit, dass er gekommen sei, um ihr Ratschläge zu geben, die sich auf die Ordnung im Kloster bezögen. Die Nonne entgegnete, dass sie vorher ihre Oberin um Rat fragen müsse. Das Gespenst teilte ihr daraufhin mit, dass das Geheimnis, welches es bekanntzugeben habe und welches der Nonne allein anvertraut werden dürfe, von einer höheren Macht abhängig sei und dass die Schwester dies bedenken solle. Daraufhin verschwand die Erscheinung, welche die Frau in nicht geringe Aufregung versetzt hatte. Sie schwieg jedoch über den Vorfall. In der folgenden Nacht erschien das Gespenst abermals, wiederholte die gleiche Rede und bestand eindringlicher auf seinem Wunsch. Die Nonne blieb standhaft und erklärte, nichts ohne das Einverständnis der Oberin tun zu wollen. Daraufhin ereignete sich eine merkwürdige Verwandlung. Es war nicht mehr die Gestalt des verstorbenen Direktoris Moussault, wohl aber die des lebenden und der Nonne wohlbekannten Pfarrers Grandier, welcher sich ihr in unkeuscher Weise nahen wollte und zu ihr von sehr unheiligen Dingen sprach. Das Gespenst wurde zudringlicher, die Nonne hatte einen wahren Ringkampf mit ihm zu bestehen und war bereits im Begriffe zu unterliegen, als sie den Namen Jesus nannte, worauf die Erscheinung sich auflöste.

Am kommenden Morgen erzählte die Nonne ihr unheimliches Abenteuer, das aber nur ein Vorspiel weiterer Ereignisse gewesen war, denn bald darauf spürten auch die Oberin und die anderen Nonnen nicht nur nachts, sondern auch bei Tage die Berührungen unsichtbarer Hände und hatten bald derart schreckliche Erscheinungen oder Visionen, dass man zu Exorzismen schreiten musste, die aber zunächst streng geheim gehalten wurden. Bald jedoch sickerte die Wahrheit durch und Mignon wandte sich an den Pfarrer Barre von Chinon mit der Bitte, ihm bei den Exorzismen, die bislang ohne Erfolg geblieben waren, beizustehen. In einem Schriftstück, datiert vom 7. Oktober 1632, berichteten die beiden Priester, dass eines Abends der Priorin, welche sich im Bett befand und von einigen ihrer Schwestern umgeben war, ein unsichtbares Wesen die Hand gedrückt und darin 3 Hagedornstacheln zurückgelassen hatte. Diese zwei Tage später von den Priestern verbrannten Dornen wurden als der sichtbare Beweis einer dämonischen Besessenheit angesehen. Grandier wurde schwarzmagischer Handlungen verdächtig, und die beiden Pfarrer Mignon und Barre riefen den Pfarrer Granger von Venier zu Hilfe, da die Besessenheitserscheinungen der Oberin und ihrer Schwestern immer heftiger und schrecklicher wurden. Am 11. Oktober endlich waren die drei exorzierenden Priester genötigt, die weltliche Obrigkeit von den Vorgängen in Kenntnis zu setzen, und begaben sich zu dem Amtmann Cerizay und dem Zivilleutnant Chauvet von Laudun mit der Bitte, den Exorzismen beizuwohnen. In einer der wahrhaft fürchterlichen Besessenheitskrisen nannten die Dämonen nicht nur ihre eigenen und höchst seltsamen Namen, sondern teilten auch offen den Namen des Magiers mit, der sie entfesselt hatte, nachdem sie sich bisher mit bloßen Andeutungen begnügt hatten, aus denen allerdings die Person Grandiers nicht allzu schwer zu erraten gewesen war.

Die Exorzismen wurden, wie üblich, in lateinischer Sprache ausgeführt, und Madame de Belciel, die Oberin, antwortete in Latein, obgleich ihr diese Sprache gänzlich unbekannt war. Der oder die sie besitzenden Dämonen teilten, durch die Exorzismen gezwungen, die Ursache der Besessenheit und die Art der von Grandier ausgeübten magischen Handlungen in allen Einzelheiten mit. Auf diese Weise erfuhr man, dass Grandier der Urheber der Besessenheit im Kloster war. Unter schwarzmagischen Handlungen, deren Einzelheiten hier unterbleiben können, hatte Grandier einen blühenden Muskattosenzweig einem Hexenmeister namens Pivart anvertraut, der ihn seinerseits einem Mädchen gegeben hatte, das auf die Klostermauer geklettert war und den Rosenzweig in den Turm des Klosters geworfen hatte. Alle Nonnen, die den Geruch dieses blühenden Zweiges verspürt hatten, als erste die Türmerin, die ihn dann den andern Schwestern zeigte, waren verhext, das heißt besessen. Dieser ganze Fall ist jedenfalls höchst eigenartig und ungewöhnlich, jedoch in ausgiebigster Weise durch einwandfreie Zeugen beglaubigt. Viele der besessenen Nonnen waren, wie bereits erwähnt, Grandier gegenüber sehr sympathisch eingestellt, und gerade diesen Nonnen erschien hauptsächlich die Gestalt des Priesters, die sich ihnen gegenüber als ein sehr zielbewusster Inkubus benahm. Nach Aussage der Dämonen selbst taten die Nonnen mit großem Mut alles, was in ihrer Macht stand, um diesen Versuchungen zu widerstehen.

Man kann sich leicht vorstellen, dass die außerordentlichen Vorgänge im Kloster ein ungeheures Aufsehen erregten, besonders nachdem die beiden Amtspersonen ihren Akt verfasst hatten. Es wurde von ihnen beschlossen, noch andere Exorzisten heranzuziehen, Grandier, den man befragte, war natürlich empört, verteidigte sich energisch und verlangte die Sequestration der Nonnen, sowie andere Exorzisten usw. Alles dies wurde ihm zugestanden.

Am 13. Oktober begaben sich Cerizay und Chauvet in Begleitung anderer Amtspersonen, unter denen sich auch der Prokurator des Königs befand, in das Kloster, um den Exorzismen beizuwohnen. Der Direktor Mignon erzählte ausführlich die Vorgänge im Kloster, die unter Zeugen stattgefunden hatten. Interessant ist, dass die Nonnen in normalem Zustande nichts mehr von dem wussten, was sich während einer Krise zugetragen hatte. Schon daraus kann man ersehen, dass es sich um wirkliche Besessenheit, sei sie durch dämonische oder rein hypnotische Beeinflussung hervorgerufen, handelt.

Grandier, der mittlerweile ernste Besorgnisse wegen seiner persönlichen Sicherheit hegte, richtete eine Beschwerde an den Bischof von Poitiers, welcher ihn an die königlichen Richter verwies. Grandier verklagte nun beim Amtmann von Loudun den Direktor Mignon und seine Komplizen wegen Verleumdung, groben Unfugs usw. und erklärte sich bereit, freiwillig ins Gefängnis zu gehen, um aller Welt zu beweisen, dass er sich unschuldig fühle.

Nach den Exorzismen des 13. Oktober war eine Ruhepause eingetreten, so dass es schien, als ob die Dämonen definitiv ausgetrieben wären. Wenige Tage nachher hatten einige Nonnen aber derart heftige Besessenheitskrisen, dass sie jeder Beschreibung spotteten. Die Türmerin eilte zu dem Chirurgen Mannouri, der den Arzt Joubert zum Beistand holte und sich ins Kloster begab. Die Szenen, die sich dort abspielten, waren furchtbar. Die Nonnen wurden von unsichtbaren Kräften auf den Boden, gegen die Wände geschleudert, gekratzt und gebissen. Dazu stießen sie derart entsetzliche Schreie aus, dass selbst den mutigsten Männern tatsächlich die Haare zu Berge standen. Man rief alle Ärzte Loudons zu Hilfe, umsonst, die Krisen wurden immer heftiger. Barre unternahm neue Exorzismen, während Grandier erklärte, dass alles nur weitere Machinationen und Verleumdungen gegen ihn darstellten. Es bildeten sich zwei Gruppen, wovon die größere in die Echtheit der Besessenheitsphänomene, die nun auch durch die bedeutendsten Ärzte beglaubigt waren, keinerlei Zweifel setzte, während die Anhänger Grandiers energisch behaupteten, dass es sich um gehässige Manöver von Seiten seiner Feinde handle, die ihn vernichten wollten.

Die weltliche Obrigkeit wollte die besessenen Nonnen in Privathäusern unterbringen, wo sie einzeln von Ärzten behandelt werden sollten. Dem widersetzte sich die Oberin, die als Autorität nur den Bischof von Poitiers anerkennen wollte, der dem Übel mit Exorzismen beizukommen versuchte. Daraufhin begab sich der Amtmann von Loudun am 24. November mit den Ärzten Daniel Roger, Vincent de Faux, Gaspar Joubert und Mathieu Fanton, die einen feierlichen Eid abgelegt hatten, die Phänomene genau und unparteiisch zu untersuchen, in das Kloster. Es wurden keinerlei Vorsichtsmaßregeln aus dem Auge gelassen, um irgendwelchen Betrügereien auf die Spur zu kommen. Während der Anwesenheit der Ärzte im Kloster ereigneten sich verschiedene Phänomene. Die Oberin hatte beispielsweise während der Messe verdrehte Arme, gekrampfte Finger, aufgedunsene Wangen, und man sah von den Augen nur das Weiße. Während der Exorzismen sprach ein Dämon aus ihr in lateinischer Sprache und klagte vor aller Welt Grandier an. Verschiedene Nonnen erbrachen Federkiele, Knöpfe, selbst Knochen. Oft kam es vor, dass die Dämonen mit den Exorzisten über theologische Angelegenheiten oder Probleme in einer außerordentlich gelehrten Weise diskutierten, so dass die exorzierenden Priester selbst mitunter in die Enge gerieten. Andere Nonnen lachten wie Wahnsinnige bei der bloßen Namensnennung Grandiers, wanden sich in wollüstigen Bewegungen, spien den Exorzisten ins Gesicht, versuchten sie zu kratzen, zu beißen oder zu erwürgen usw. Der Amtmann verlangte von den Dämonen drei oder vier stichhaltige Beweise für die Schuld Grandiers, die am 24. November nicht zu erhalten waren.

Am 25. November wiederholten sich die Phänomene, und Barre hielt über sein Haupt das heilige Ciborium, wie dies auch schon Mignon bei vorhergehenden Exorzismen getan hatte, betete inbrünstig, beschwor seine Unschuld und rief auf sich die schrecklichsten Strafen herab, wenn er Grandier ungerechter Weise anklage. Die Oberin versuchte dem Priester das Ciborium zu entreißen. Sie spie die Hostie aus, die sie während der Frühmesse zu sich genommen hatte. Während der Beschwörungen Barres erklärte ein Dämon plötzlich, dass Grandier einen neuen schwarzmagischen Akt vollführt habe, den Wasserzauber. Als Beweis hierfür würden die Nonnen in Gegenwart aller Zeugen plötzlich wassertriefende Arme und Beine haben, was auch tatsächlich sofort eintrat.

Grandier wurde während der zahlreichen folgenden Exorzismen immer heftiger angeklagt und verlangte immer neue Exorzisten, da alle bisherigen seine Feinde gewesen seien. Schließlich kam es aber doch zur Verhaftung und Anklage Grandiers, der nach einem an unvorhergesehenen Vorfällen reichen Prozess am 18. August 1634 zum Verbrennungstode verurteilt wurde. Verschiedenen Berichten nach sollen sich bei der Hinrichtung Grandiers die unglaublichsten Szenen abgespielt haben. So soll z. B. der Pater Lactance mit einem eisernen, rotglühend gemachten Kruzifix dem sich bereits auf dem Scheiterhaufen befindlichen Grandier ins Gesicht geschlagen haben usw.

Die Verurteilung Grandiers zum Tode und seine Hinrichtung erregten ein ungewöhnlich zu nennendes Aufsehen und gaben zu den heftigsten Polemiken Anlass. Es würde hier viel zu weit führen, alle Einzelheiten dieses Monsterprozesses anzuführen. Es scheint mir aber zum Schlusse nicht uninteressant, im Auszug die Hauptpunkte anzuführen, die zur Verurteilung Grandiers geführt hatten:

1. Die Besessenheit der Ursulinerinnen war für die Richter erwiesen und konstant; der Bischof von Poitiers und alle Exorzisten ohne Ausnahme erkannten dies an; die vier Ärzte der Sorbonne von Paris waren der gleichen Meinung; alle Ärzte von Niort, Fontznay, Loudun, Thouars, Chinon, Mirebeau und Fontevrault erklärten, dass die während der Exorzismen aufgetretenen Phänomene übernatürlich gewesen waren.

2. Die Richter wollten nicht untersuchen, ob die Besessenheit an und für sich den Dämonen durch Gott gestattet sei oder ob sie durch magische Handlungen hervorgerufen wurden; Grandier ist

jedenfalls schuldig. 60 Zeugen bestätigten seine Ehebrüche, Inzestakte und Sakrilegien. Unter diesen Zeugen befinden sich viele Frauen, die auf eine Berührung oder einen Blick Grandiers hin eine unwiderstehliches Verlangen empfanden, mit ihm zusammen zu sein u. s. w.

3. Sämtliche Aussagen der Nonnen gaben zu, dass sie für Grandier eine unbezwingliche, unkeusche Liebe empfanden. Während langer Monate verfolgte er sie bei Tag und Nacht als greifbare Erscheinung mit seinen schamlosen Anträgen und Berührungen; die Erscheinungen waren größtenteils von sichtbaren Zeichen begleitet, die am oder im Körper der Nonnen zurückblieben und von den Ärzten konstatiert wurden.

4. Zeugen haben ausgesagt, dass sie Grandier einige Male bei der Lektüre magischer Werke antrafen, besonders solcher, die über die Mittel handelten, die Liebe der Frauen zu gewinnen.

5. Äußerst bezeichnend waren verschiedene Handlungen der Oberin und besonders der Schwester Claire, die unbedingt mit Grandier schlafen wollte und einmal von der heiligen Kommunion weglief, um sich in ihrer Zelle zu verstecken, wo man sie mit einem Kruzifix in der Hand bei nicht näher beschreibbaren teuflischen Handlungen antraf.

6. Wichtig war die Aussage der Elisabeth Blanchart, die durch diejenige der Suzanne Hamon bestätigt wurde, welche erklärte, dass sie fleischliche Beziehungen zu Grandier gehabt hatte und dass dieser ihr versprochen hatte, sie zur Hexenprinzessin zu machen, wenn sie mit ihm zum Sabbat fahren wolle.

7. Barre hatte den Dämon Astaroth beschworen, denjenigen zu schlagen, der die Besessenheit verursacht hatte, worauf Grandier ernstlich erkrankte.

8. Der Dämon Asmode brachte am 25. April einen Pakt herbei, der nach seiner Aussage mit Blut vorn rechten Daumen Grandiers unterschrieben war. Man begab sich sofort zu Grandier und fand tatsächlich an seinem rechten Daumen eine verheilte Schnittwunde. Die Erklärungen, die Grandier darüber abgab, waren widersprechend.

9. Grandier weigerte sich, im letzten Augenblick vor seinem Tode das Kruzifix anzusehen, wodurch sich der angeführte Schlag ins Gesicht erklärt.

Diese Punkte mögen genügen. Bemerkenswert ist übrigens, dass der Tod Grandiers, wie man annehmen könnte, der Besessenheitsepidemie im Kloster von Loudun kein Ende bereitete, sondern im Gegenteil sogar durch eine Art psychischer Ansteckung aus dem Kloster auf die weibliche Jugend der Stadt übergriff und sich allmählich weiter verbreitete. Ähnliche derartige Massenbesessenheitsfälle traten in Avignon und in Chinon, sowie im Jahre 1643 in Louviers auf. Selbst mehrere Geistliche, die im Prozess gegen Grandier eine Rolle gespielt hatten, glaubten ein Jahr nach seiner Hinrichtung von Dämonen besessen zu sein. Der Arzt, welcher der Folterung Grandiers beigewohnt, sowie der Leutnant, der die Hinrichtung selbst geleitet hatte, wurden von Dämonen gepeinigt und endeten im Wahnsinn.

Auch in anderen Ländern waren derartige psychische Epidemien nicht unbekannt. Es steht mir hier nicht der Raum zur Verfügung, um diese zahlreichen und sehr interessanten Fälle in ihrer Gesamtheit anzuführen. Es sollen nur einige der markantesten kurz erwähnt werden.

Im Waisenhause von Amsterdam waren im Jahre 1566 bis gegen 70 der untergebrachten Kinder „entweder bezaubert oder von bösen Geistern besessen" und „wurden nicht allein auf allerlei Art und Weise gepeinigt, so dass es ihnen auch nach ihrer Befreiung ihr ganzes Leben hindurch noch anklebte, sondern sie kletterten auch, wie die Katzen, an Wänden und Dächern in die Höhe und machten solche abscheuliche Gesichter, dass auch die beherztesten Männer sich davor entsetzten. Sie konnten fremde Sprachen sprechen und erzählten Dinge, so sich in dem nämlichen Augenblick anderwärts, selbst in den Gerichtsstuben, zutrugen. Sie machten besonders viele heillose Streiche vor den Wohnungen gewisser Weiber, die man deswegen für Zauberinnen ausschrie". (Horst: „Zauberbibliothek", 1.)

Regnard („Les maladies epidemiques de l'esprit. Sorcellerie etc.") führt eine Besessenheitsepidemie an, die im Jahre 1631 in einem Madrider Benediktinerinnenkloster ausbrach, wo eine Nonne plötzlich in Zuckungen zu Boden fiel, wobei sich die Hände verdrehten, Schaum aus dem Munde trat und eine Körperstarre eintrat (Opisthotonus), bei der der ganze Leib bogenförmig gekrümmt nur mit dem Kopf und den Fersen auf dem Boden auflag. Bei Nacht stieß sie heulende Laute aus, die in einem Delirium endeten. Sie gab an, von einem Teufel namens Peregrino (der spanische Name für Pilger) besessen zu sein. Das Beispiel und der Anblick dieser Besessenen wirkte auf die übrigen Nonnen des Klosters derart ansteckend, dass mit wenigen Ausnahmen alle Schwestern, die Äbtissin inbegriffen, von gleichen Zuständen befallen wurden, in denen sie angaben, von Genossen des Dämons Peregrino besessen zu sein, und die Nächte unter entsetzlichem tierischem Geheul zubrachten. Der Beichtvater des Klosters versuchte vergeblich, die Besessenheit durch Exorzismen auszutreiben. Man war gezwungen, die Nonnen zu trennen und in den Gefangenenzellen verschiedener anderer Klöster in Einzelhaft zu halten, worauf die Besessenheit allmählich verschwand.

Der größte und schrecklichste aller europäischen Hexenprozesse fand im Jahre 1670 zu Mora in Schweden statt und war auf der Grundlage einer Besessenheitsepidemie erwachsen. Dabei wurden über 70 Frauen und gegen 20 Kinder nach grässlicher Folterung hingerichtet, d. h., verbrannt, und gegen 50 andere Personen mit schweren Strafen belegt.

Gleichfalls in einem Waisenhause, zu Hoorn in Holland, spielte sich eine Besessenheitsepidemie ab, bei der aber nur Knaben und Mädchen im Alter von über 12 Jahren, also im oder nahe dem Pubertätsalter, auf dessen große Bedeutung bei medianimen Vorgängen ich nicht oft genug hinweisen kann, befallen wurden. Die Krankheit bestand, wie der bereits oben erwähnte Verfasser der „Zauberbibliothek" ausführt, darin, dass jene Kinder unvermutet und plötzlich niederfielen und sich ihrer in dem Augenblick nicht mehr bewusst waren. „Sie wurden erbärmlich gezerrt und gerissen, trampelten mit den Füßen, schlugen mit den Armen und dem Kopfe gegen die Erde, knirschten mit den Zähnen, heulten und bellten wie Hunde, dass man´s nicht ansehen, noch anhören konnte. Einigen ging der Bauch so heftig auf und nieder, als wenn ein lebendiges Tier sich darin bewegt hätte, so dass sie oft drei, vier bis sechs Menschen halten mussten, wovon der eine den Kopf, zwei andere die Hände hielten, einer setzte sich ihnen auf die Beine und bisweilen auch einer auf den Bauch, um ihn niederzuhalten. Wenn sie stille lagen, waren sie so steif wie Holz, und wenn man sie dann beim Kopf oder an den Füßen anfasste, konnte man sie tragen wohin man wollte, ohne dass sich die übrigen Glieder bewegt hätten. In diesem Zustande blieben sie oft stundenlang. Die Kinder wurden gemeiniglich mit der Plage befallen, wenn sie andere im Paroxysmus liegen sahen oder wenn sie es auch nur an dem Heulen hörten, dass eines den Anfall hatte. Deswegen pflegten auch einige in solchem Falle augenblicklich die Flucht zu nehmen, doch die meiste Zeit vergebens, wenn sie nicht etwa gerade nahe bei den Türen waren, um plötzlich aus dem Waisenhause herauszukommen, da sie dann nicht so viele Not zu haben schienen. Durch

das Sehen und Hören fielen oft so viele nieder, dass ihrer kaum so viele auf den Beinen blieben, um den Niedergestürzten zu Hilfe zu eilen". Ganz charakteristisch war, wie bei allen echten Besessenheitsfällen, auch hier, dass die Gebete und das Anrufen Gottes, je inbrünstiger sie waren, den Paroxysmus der Anfälle vermehrten und zu einem wahren Toben brachten. Die Anfälle verminderten sich allmählich, vermutlich mit dem Vorübergehen des Entwicklungsalters, so dass sie zuletzt alle davon befreit wurden, einige schneller, andere langsamer, zwei Frauen ausgenommen (wahrscheinlich sehr medial veranlagt), die zuweilen Rückfälle bekamen. Schließlich sei ein berühmter deutscher Fall von Massenbesessenheit erwähnt, der zwischen den Jahren 1740 und 1750 im fränkischen Frauenkloster von Unterzell spielte, wo die Besessenheit einer Nonne zum Ausgangspunkt einer Epidemie wurde, die allmählich noch neun oder zehn Bewohnerinnen des Klosters mit den bekannten Dämonenbesitzzeichen: Wüstes Geschrei und Geheul, Krämpfe, Überempfindlichkeit gewisser Körperstellen oder vollkommene Anästhesie, Widerwillen gegen alle heiligen Gegenstände und gottesdienstlichen Handlungen, unerhörte Gotteslästerung und Entweihung von Kultusgegenständen usw., heimsuchte. Als Urheberin der Behexung wurde eine der Klosterfrauen, die 70-jährige Renata Sänger, angeklagt und im Jahre 1749 als die letzte deutsche Hexe enthauptet und nachher ihr Körper verbrannt.
An dieser Stelle ist es nicht unangebracht, näher auf eine in Europa wohl nicht allgemein bekannte merkwürdige psychische und höchst dramatische Epidemie einzugehen, bei der Besessenheit und Massensuggestion die Hauptrolle spielten. Der Vorfall ereignete sich in neuerer Zeit, in den Jahren 1872 bis 1883 in den sogenannten deutschen Kolonien bei S. Leopold in Südbrasilien, erregte ein außergewöhnlich großes Aufsehen und ist auch heute noch, wie ich mehrfach beobachten konnte, dort nicht in Vergessenheit geraten. Die nachfolgenden Tatsachen sind überaus ausführlich in dem sehr lehrreichen und vergriffenen Buch des Jesuitenpaters Ambros Schupp „Die Mucker" geschildert.
Die Epidemie ging von einem Ehepaar aus, wovon der Mann, ein einfacher Zimmermann namens Hanjörg Maurer, angeblich infolge einer Stimme vom Himmel sich seit dem Jahre 1868 als Wunderarzt niedergelassen hatte, zu dem aus nah und fern die Kranken herzuströmten, um sich Rat und Gesundheit zu holen, so dass sein Ruf bis an die äußersten Grenzen der Provinz Rio Grande do Sul drang. Es scheint, dass Maurer eine ungewöhnlich starke heilmagnetische Kraft besaß. Seine Frau Jakobine, ein

noch junges, ziemlich schwerfälliges Weib von mittlerer Größe und eigentümlich schwärmerischem Gesichtsausdruck, stammte aus einer Wiedertäuferfamilie und hatte seit ihrer Jugend zahlreiche Anfälle von Katalepsie, die zuerst 3 bis 4, dann aber 12 bis 30 Stunden dauerten. Allmählich konnte die Frau diese Anfälle, die ganz den Charakter somnambuler Ekstase annahmen, willkürlich hervorrufen. Jakobine Maurer konnte weder lesen noch schreiben, dennoch aber war die Bibel ihr Lieblingsbuch, und diesem zuliebe lernte sie später noch notdürftig lesen. Wie alle Mitglieder ihrer Familie, hatte sie einen tiefen Hang zum Religiös-Mystischen. Mit einer gewissen Heißgier griff sie einzelne Stellen aus der Bibel auf, prägte sie ihrem Gedächtnis ein und erklärte sie in phantastischer Weise nach ihrem krankhaften religiösen Bedürfnis. Nach ihrer Verheiratung mit Maurer half sie diesem eifrig in der ärztlichen Praxis. Die Tränkchen und Salben, Pillen und Pflaster, die er bereitete, pflegte sie den Kranken zu überreichen und die Übergabe mit frommen Zusprüchen zu begleiten. Bald jedoch nahm Hanjörgs Heilverfahren einen anderen Charakter an, und Jakobine fing an die erste Rolle zu spielen. Infolge der Lektüre eines Büchleins über Somnambulismus kamen Jakobine und ihre Familie auf den Gedanken, dass auch sie eine Somnambule sei, die im hellseherischen Schlafe die Heilmittel für die Patienten ihres Mannes anzugeben vermöge. In dieser Richtung bewegte sich nun auch ihre Tätigkeit, indem sie in der autosuggestiven Ekstase, auf ihrem Bett ausgestreckt, in ihrem rätselhaften Schlafe die Rezepte diktierte. Gleichzeitig eröffnete Jakobine Bibelauslegungen, wobei sie einem Kreise von Männern, Frauen und Kindern in ihrer neuerworbenen Lesekunst, erst langsam und unbeholfen, Bibelstellen vorlas. Hatte sie dann einen Satz oder eine größere Stelle zu Ende gebracht und begann die Erklärung, so veränderte sich ihre Stimme; die Worte flossen, und in einer Art von Begeisterung wusste sie dem Gelesenen die wunderbarsten und verblüffendsten Auslegungen zu geben.

Die Predigten bestanden zum größten Teil aus kindlichen Zerrbildern der biblischen Weissagungen und Verheißungen. Sie besaß aber, im Verein mit anderen Suggestivmitteln, genug überzeugende Kraft, um arglose Gemüter mit einer unbestimmten mystischen Angst zu erfüllen und sie zu veranlassen, sich immer fester an die Verheißungen der Prophetin zu klammern. Ein einfaches Lied aus einem evangelischen Gesangbuch und die Klänge einer Spieldose verstärkten die suggestive Wirkung auf die einfachen Leute, die in stummen Staunen dasaßen. Je toller und unverständlicher die Erklärungen Jakobinens waren, desto höher stieg die Meinung der Gemeinde von deren Weisheit und man glaubte fest, dass Jakobine von einem himmlischen Geiste erleuchtet sei. Bisweilen trafen die Andächtigen Jakobine auf ihrem Lager ausgestreckt, wie sie mit geöffneten Augen auf einen Punkt hinstierte, als ob sie Visionen schaue. Seltsame, langsam vorgebrachte Aussprüche, wirkungsvoll klingende Mahnsprüche oder Prophezeiungen kamen aus ihrem Munde hervor und erfüllten die Zuhörer mit geheimnisvollem Grauen und einer Art ehrfurchtsvoller Scheu, wie vor einem höheren Wesen. Man ging weg und erzählte, was man gesehen. Die Neugierde zog an. Hunderte von Personen zogen nach Ferrabraz, dem Wohnsitze der Eheleute Maurer, um das wunderbare Weib zu sehen. War Hanjörg früher der berühmte Arzt, so war Jakobine jetzt eine noch berühmtere Prophetin oder Erleuchtete. In dieser Eigenschaft wurde sie nun in allerlei geheimen und zweifelhaften Angelegenheiten um Rat gefragt. Wo sie ohne Gefahr mit Bestimmtheit sprechen konnte, tat sie es, wo nicht, waren ihre Worte in orakelhaftes Dunkel gehüllt.

Durch die auf die Visionärin oder Besessene selbst rückwirkende suggestive Kraft ihres Erfolges wurde sie immer weiter fortgerissen und suchte ihn beständig noch auszudehnen und zu steigern. Viele sehen in einem Vorfall am Pfingstfest 1872 einen direkten Betrug, der allerdings nie nachgewiesen werden konnte. Vielleicht auch spielten wirklich übersinnliche Kräfte mit. Schon seit längerer Zeit hatte Jakobine die Gläubigen ihrer Gemeinde auf ein großes Ereignis am Pfingstfest vorbereitet. An diesem Tage kamen denn auch tatsächlich von weit und breit hunderte von Personen nach Ferrabraz gezogen. Wie gewöhnlich wurde der Gottesdienst mit dem Absingen von Liedern und mit Gebeten eröffnet. Jakobine selbst war aber zunächst nicht zu sehen. Als die Andacht den Höhepunkt erreicht hatte, ging plötzlich die Tür ihrer Kammer auf und den Blicken der Anhänger bot sich die starr und regungslos auf ihrem Lager liegende Jakobine dar, deren Augen schwärmerisch und unbeweglich nach oben gerichtet waren, das Antlitz wie in Verzückung ekstatisch verklärt. Jeder drängte sich vor, sie so nahe als möglich zu sehen. Doch es hieß zurück, denn „etwas Großes soll sich ereignen, des kein Sterblicher sehen darf!" Die Tür schloss sich wieder, und gleich darauf erscholl ein lautes, donnerndes Getöse, so dass alles bebte. Abermals ging die Tür auf. Von dem Lager war die verzückte Frau verschwunden und an ihrer Stelle lagen nur einige Kleidungsstücke da. Alle Anwesenden waren überzeugt, dass es sich um ein Wunder handelte. Maurer teilte den Leuten mit, dass seine Frau bei Gott sei und dass man beten solle, damit sie zurückkomme. Die Tür wurde abermals geschlossen und nach kurzer Zeit, während die Leute beteten und sangen, ging sie auf, um die in blendend weiße Gewänder gekleidete Jakobine aus ihrer Kammer treten zu lassen. Der Blick der Frau war bei weitgeöffneten Augen ein ekstatisch ins Weite gerichteter. Der Eindruck auf die Anwesenden war unbeschreiblich. Man glaubte ein höheres Wesen, die Inkarnation Christi, vor sich zu haben. Da stand Jakobine plötzlich still und schien aus ihrer Verzückung in das nüchterne Erdenleben zurückzukehren. Ihr Auge ruhte auf einem bestimmten Punkte im Kreise der Versammelten, wo ein breitschultriger Mann nahe den Fünfzigern stand. Jakobine winkte ihm, der Mann drängte sich durch die Menge und fiel mit dem Rufe: „Ja, ich glaube, dass du Christus bist!", der Frau zu Füßen. Sie sah ihn huldvoll an und gab ihm zu verstehen, dass ihm alle Feindschaft verziehen sei, da er dies getan. Tatsächlich war der Mann, namens Rudolf Sehn, den Schupp den „Geheimnisvollen" nennt, ein Gegner Jakobinens gewesen. Die Pfingstfeier war zu Ende, nachdem Jakobine einige ihrer Anhänger, darunter Sehn, zu ihren Jüngern ernannt hatte. Sie zog sich in ihre Kammer zurück und ließ noch einmal alle Männer, Frauen, Burschen und Mädchen einzeln vor sich kommen und küsste sie. Es spielte auch hier, wie bei vielen ähnlichen Vorfällen, sehr stark das erotische Moment hinein. Der Kuss war von Jakobine schon früher als eine ständige Zeremonie eingeführt worden.

Nach Beendigung der Pfingstfeier blieben nur wenige Auserwählte im Hause der Maurer zurück. Es war interessant, die Wirkungen, die diese Versammlung in den Gemütern hervorgebracht, auf den Gesichtern der Heimkehrenden zu beobachten. Eine tiefe Ergriffenheit hatte sich aller bemächtigt, und wohl mochten sie sich glücklich preisen, dass es ihnen vergönnt war, Zeugen so außerordentlicher Dinge gewesen zu sein. Wackere Hausfrauen, nüchterne und besonnene Männer sah man wie halbtrunken aus Maurers Hause heimkehren. Die Angehörigen erschraken, den Vater, den Bruder oder die Mutter derart verändert zu sehen. Das schwärmerische Gebaren Jakobinens, die sich Christus nannte, in Wirklichkeit aber besessen war, sowie das ganze, halb religiöse, halb sinnliche Treiben in Maurers Hause hatte sie berückt und eine unheimlich schwermütige Stimmung in ihre Seele gebracht, die von den tragischsten Folgen sein sollte. Die Lust zur Arbeit war vorbei, die Heiterkeit des Herzens war fort. Die Sorge für die Familie, ja selbst die Liebe zu Weib und Kind schien geschwunden, und es dauerte lange, bis sie aus ihren

Träumereien wieder zum nüchternen Leben zurückkehrten. Besonders stark unter dem suggestiven Einfluss Jakobinens standen natürlich ihre auserwählten Jünger, vor allem Sehn, der nicht bloß ihr besonderes Vertrauen, sondern auch ihre besondere Zuneigung und Liebe besaß. Sodann ein gewisser Christian Kassel, dessen unbegrenzte Hingabe an Jakobine selbst vor einem Brudermord nicht zurückscheute. Endlich Fuchs, der „Mula-Jakob" (mula heißt auf deutsch Maulesel, vermutlich handelte der Mann mit Maultieren), der ihr vertrauter Liebling, Vorsänger und Küster war, sowie andere, die in der Sekte eine wichtige, wenn auch weniger in die Augen fallende Stellung einnahmen. All diese Personen betrachteten es als ihre höchste und heiligste Aufgabe auf Erden, Jakobine dienstbar zu sein. Ihr Interesse war das eigene Interesse, und ein Wort aus ihrem Munde heiligstes Gesetz. Sie waren die Spitzel in der Sekte, immer bereit, die Gesinnungen und Handlungen nicht bloß der Sektierer selbst, sondern auch der Gegner zu ermitteln und ihrer Herrin Bericht darüber zu erstatten. Auf diese Weise erfuhr Jakobine oft die allergeheimsten Sachen, die ihr bewusst oder unbewusst bei ihren Prophezeiungen zustatten kamen. Die neue Sekte blieb aber nicht lange ohne Widersacher. Unter dem Einfluss der katholischen und protestantischen Priester des Landes begann sich in der Kolonie eine Strömung gegen die von einem evangelischen Prediger nach Analogie ähnlicher europäischer Fälle „Mucker" genannten Anhänger Jakobinens zu entwickeln. Infolge dieser Opposition wurde 1873 zunächst der Wunderdoktor Maurer, dann auch seine Frau gefänglich eingezogen und nach S. Leopold gebracht. Als Jakobine weggeführt werden sollte, versetzte sie sich in ihre gewöhnliche autosuggestive Starre, in der sie trotz des Widerstrebens der Mucker auf den Wagen gehoben und abgeführt wurde. Diese Katalepsie dauerte auch in der Gerichtssitzung, in der die Frau verhört werden sollte, weiter, und der Polizeichef war genötigt, sich bei den zahlreich anwesenden Muckern nach einem Mittel zu erkundigen, die Frau zu wecken. Ihre Anhänger versuchten erst das gewöhnliche Mittel, das Absingen eines frommen Liedes, das aber umsonst war. Jakobine rührte sich nicht. Dem Polizeichef riss die Geduld und die Mucker selbst waren verblüfft. Da ging der „Mula-Jakob" auf die Somnambule zu, fasste ihre Hand und murmelte mit gegen den Himmel gerichteten Augen einige Worte. Dann wandte er sich an den Polizeichef und sagte ihm, dass Jakobine in genau fünf Minuten erwachen würde, was auch geschah. Sie richtete sich empor, schaute verwundert umher und erkundigte sich, wo sie wäre.

Man hielt Maurer und seine Frau eine Zeitlang gefangen, ließ sie aber schließlich frei, da man keine rechte Anklage gegen sie formulieren konnte. Sie kehrten nach Ferrabraz zurück, wo die Anhänger Jakobinens mittlerweile unentwegt ihre geistlichen Übungen fortgesetzt hatten. Um sich jedoch für die Zukunft gegen polizeiliche Verfolgungen zu schützen, schickten sich die Mucker, nachdem sie eine Art Gütergemeinschaft eingeführt hatten, zum Bau eines großen Hauses an, in dem nötigenfalls alle Sektierer Zuflucht finden könnten. Maurer und seine Frau ritten bei ihren Anhängern herum, um sie zur Teilnahme am Bau aufzufordern. Schon bald darauf begann es sich in Ferrabraz zu regen wie nie zuvor. Zahlreiche Arbeitsleute erschienen und machten sich ans Werk. Vierzig Mann arbeiteten ohne Unterlass unter der Leitung Maurers.

Um diese Zeit verursachten nicht nur der Bau der „Muckerburg", sondern auch zwei andere Ereignisse in der Kolonie schwere Unruhe. Ein als grimmiger Feind der Mucker bekannter Krämer wurde tot im Walde aufgefunden und sein Tod, wahrscheinlich mit Unrecht, den Muckern zugeschrieben. Ferner erhängte sich ein alter Mann in religiösem Wahnsinn unmittelbar nach einem Gespräch mit Maurer. Der tragische Knoten begann sich zu schürzen und die Dinge trieben nun rasch furchtbarer, blutiger Gewalttat entgegen.

Ein Regierungsinspektor, welcher die Mucker besuchte und ihnen ihr Tun und Treiben verboten hatte, wurde das erste Opfer. Einige Tage nach seinem Besuche wurde er in seinem Hause durch einen hinterrücks abgefeuerten Schuss schwer verwundet. Die Folge davon war die Verhaftung von über 30 Muckern, die aber bald hernach, Maurer selbst ausgenommen, freigelassen wurden. Es scheint, dass Jakobine ein tätiges Interesse an der Zurückhaltung ihres Mannes hatte, da sie ihn für ihre Pläne zu willensschwach hielt und ihre Gunst anderen Anhängern zuwandte. Von Seiten der brasilianischen Behörden erfuhren die Mucker anfänglich eine auffallend milde Behandlung, was zur Folge hatte, dass dieselben unter dem hypnotischen Einfluss Jakobinens und ihrer Lehren immer unverschämter und dreister wurden. Es wurde von ihnen sogar eine Deputation an den Kaiser Dom Pedro II. gesandt, um von diesem Herrscher Schutz gegen weitere Belästigung durch die Polizei zu erwirken. Es ist jedenfalls kirchlichem Einfluss zuzuschreiben, dass der überaus gute und menschenfreundliche Kaiser die Deputation abschlägig beschied. Die allgemeine Furcht vor den Anhängern Jakobine Maurers stieg aber bald derart, dass einige Beamte, die sich verhasst gemacht hatten, ihres Lebens nicht mehr sicher waren und die Gegend verließen. Die nicht zur Muckersekte gehörigen Ansiedler begannen sich auf eigene Faust zu bewaffnen und sahen mit Unruhe blutigen Ereignissen entgegen.

Das sexuelle Element gewann in der Lehre und in dem Treiben Jakobinens und ihrer Anhänger einen immer größeren Einfluss. Jakobine selbst hatte ihren wieder freigelassenen Mann gegen einen anderen, gleichfalls verheirateten Mann, einen Katholiken, ausgetauscht, dessen Frau wiederum unter Todesdrohungen gezwungen worden war, sich dem richtigen Ehegemahl der Prophetin, Hanjörg Maurer, zu ergeben. Zu Pfingsten 1874 trennte die immer mehr und mehr nymphomanisch und vampyrisch veranlagte Prophetin verschiedene andere Ehen auf ähnliche Weise durch ihren Machtspruch, teils zu Freud, teils zu Leid der Betroffenen.

Mittlerweile war die „Muckerburg" fertig geworden und bald begannen die im ganzen Lande größten aufsehenerregenden Bluttaten. Zwei friedliche Kolonisten waren von einem Mucker getötet, zwei andere schwer verletzt worden. Einige Zeit darauf häuften die Mucker um das Haus einer den Sektierern verhassten Familie heimlich Brennmaterial an und steckten es nächtlicherweise in Brand. Die Insassen des Hauses, eine Frau mit ihren Kindern, wurden von den Muckern beim Fluchtversuch unter rohen Scherzen in das brennende Gebäude zurückgetrieben, wo die Bedauernswerten unter den schrecklichsten Qualen umkamen. Einem elfjährigen Jungen glückte es, obwohl mit Brandwunden und durch einen Schuss verletzt, zu entkommen. Aus seinem Versteck sah das Kind die Schrecken des Untergangs seiner Mutter und Geschwister mit an, ohne etwas zur Rettung unternehmen zu können. Nach dieser ersten dämonisch-sadistischen Schreckenstat bereiteten sich die Mucker vor, an einem bestimmten Tage gleichzeitig die einzelnen Niederlassungen aller nicht zu ihnen gehörigen Kolonisten zu überfallen. Dieser teuflische Plan wurde auch im Großen und Ganzen, wie beabsichtigt, ausgeführt. Soweit es nicht einzelnen Bewohnern gelang, zu entkommen, wurde der Rest grausam ermordet und die Häuser niedergebrannt. Die Anhänger Jakobinens waren von vampyrhaften, blutdürstigen Dämonen besessen und gaben sich in ihrem wollüstigen Blutrausch und Taumel gar keine Rechenschaft über das Entsetzliche ihrer Akte. An einem Orte wurde eine Anzahl Leute, darunter eine alte Großmutter mit ihren kleinen Enkeln, von den eigenen Verwandten ermordet, an einem anderen mehrere Kinder, vom unschuldigen Säugling bis zum sechsjährigen Mädchen, mit raffiniertester Grausamkeit umgebracht.

Die Mordextase und Besessenheit der Sektierer war auf einen Punkt gestiegen, der alle Bande der Freundschaft und Blutsverwandtschaft vergessen ließ, so dass der Freund den Freund, der Vetter den Vetter, der Bruder den Bruder ermordete, wenn er kein Anhänger Jakobinens war. Diese wahrhaft dämonische Frau mit ihrem ungewöhnlich starken sexuell-hypnotischem Einfluss wollte sich durch Mordbrennen und Gewalttaten aller Art zur unbeschränkten Herrin der ganzen Kolonie machen. Ihre Anhänger führten in blindem Fanatismus alle ihre Pläne auf das Beste aus, ohne zu bedenken, dass eine Reaktion von Seiten der andern Kolonisten und eine unerbittliche Unterdrückung der ganzen Sekte durch die Regierung erfolgen musste. Die Kolonisten begannen einen verzweifelten Kampf gegen die Mucker, der zunächst dazu führte, dass diese sich in ihrer Burg, mit Munition und Proviant wohl versehen, verschanzten und ihre eigenen Kinder auf die kommenden Blutszenen vorbereiteten, indem sie ihnen sagten, dass sie keine Träne vergießen dürften, wenn sie auch an einem Tage Eltern und Geschwister verlören. Alle erwachsenen Anhänger Jakobinens waren derart fanatisiert, fasziniert und besessen, dass sie nicht anstanden, für die Dämonin selbst das ungeheuerlichste Verbrechen zu begehen und um ihretwillen alles, die Familie sowohl als auch das eigene Leben, zu opfern.

Schließlich entschloss sich auch die brasilianische Regierung gegen die Mucker militärische Maßregeln zu treffen. Das erste Zusammentreffen verlief aber für die Truppen sehr unglücklich. Während die Sektierer nur 1 Toten und 5 Verwundete hatten, verloren die legalen Kräfte 4 Tote und 35 Verwundete, darunter einige Offiziere. Dann wurde ein neuer Sturm auf die Muckerburg unternommen, dem die Sektierer einen verzweifelten Widerstand entgegensetzten, mit einer wilden Tapferkeit, wie sie nur der wahre Fanatismus hervorbringen kann. Auf Manneslänge wurden die Schüsse gewechselt, die Mucker zogen sich in die oberen Räume ihrer Burg zurück, um von dort aus den Widerstand fortzusetzen. Ein herzzerreißendes Schauspiel entfaltete sich. Kinder jammerten, Weiber schrien, Männer brüllten, die Verwundeten und Sterbenden stöhnten und röchelten, und in alles hinein mischte sich das Geknatter der Schüsse zu einem wahren Höllenkonzert. Eine Frau, die sich, halb wahnsinnig, ergeben wollte, wurde von den eigenen Anhängern erschossen. Schließlich befahl der Führer der Regierungstruppen Feuer an die Burg zu legen und von den Insassen zu retten, was zu retten wäre. Ein Mädchen, das ein nicht-sektiererischer Kolonist zu retten versuchte, widersetzte sich mit aller

Gewalt und suchte neben der Leiche ihrer erschossenen Mutter den Tod in den Flammen, wurde aber trotzdem gewaltsam mit einigen anderen Muckerfrauen gerettet. Eine andere Frau erschoss einen ihr bekannten Soldaten, der ihr zurief und sie zu retten versuchte. Endlich stürzte der brennende Bau zusammen und begrub unter seinen Trümmern Lebende und Tote. Die Leichenschau ergab nachher 12 waffenfähige Männer und 8 Frauen. Der Sieg schien vollendet, und die Sieger überließen sich zum größten Teil der gewöhnlichen, rohen Extase nach einem derartigen wilden Kampf. Selbst an den Leichen wurden die laszivsten Ausschreitungen begangen. Es schien, als hätten die dämonischen Einflüsse Jakobinens und ihrer Anhänger selbst die kaltblütigsten Naturen in blutdürstende Vampyre verwandelt.

Bald stellte sich heraus, dass die Prophetin, ihr Mann und die anderen Führer der Mucker nicht unter den Gefallenen waren. Es war ihnen gelungen, sich rechtzeitig in den Urwald zu retten, wo sie sich zwei Hütten, eine für Jakobine, eine für die übrigen, errichtet hatten. Von wenigen Deserteuren abgesehen, war der ekstatische Mut der Mucker noch so groß, dass sie während der Nacht einen Überfall auf die lagernden Regierungstruppen machten, dem unter anderen auch verschiedene Offiziere und selbst der Kommandant, Coronel Genuino, zum Opfer fielen. Eine militärische Gegenaktion missglückte, denn die Mucker töteten 5 und verwundeten 7 Soldaten, während sie selbst nur einen Verlust hatten. Siegestrunken kehrten die Sektierer, nachdem sie die flüchtenden Soldaten noch verfolgt hatten, in ihre Waldhütten zurück. Hier hatte mittlerweile Jakobine ihrem kleinsten Kinde eigenhändig die Kehle durchgeschnitten, damit es nicht den Schlupfwinkel durch sein Geschrei verrate. Sie befahl außerdem, dass an einem bestimmten Tage das Gleiche mit allen Kindern unter 5 Jahren zu geschehen habe, damit den Muckern, durch das Blut der unmündigen Kinder die Erlösung zuteil werde, wie dies beim Kindermord von Bethlehem für den Erlöser der Fall war. Gegen diesen Befehl wurde von keinem der entmenschten Sektierer auch nur der geringste Einspruch erhoben.

Nach einem weiteren Angriffe seitens der Kolonisten selbst, der aber wiederum mit dem Siege der Mucker endigte, organisierte ein fähiger Artillerieoffizier, Kapitän Dantas, endlich eine planmäßig angelegte und entscheidende Attacke. Durch geeignete Suggestivmittel, vorhergehende Schießübungen, mittels welcher er die Treffsicherheit und den gesunkenen Mut der Soldaten wieder herstellte, sowie durch die Abnahme des feierlich besiegelten Versprechens, zu siegen oder zu sterben, feuerte er die ihm zur Verfügung stehenden 150 Soldaten zu den höchsten Leistungen an. Durch den Verrat eines Muckers, der den Führer machte, wurde die Herbeiführung der Katastrophe erleichtert. Die Mucker wurden umzingelt und einer nach dem andern fiel nach einer verzweifelten und heldenhaften Gegenwehr. Jakobine stürzte mit aufgelöstem Haar und verstörtem Blick aus ihrer Hütte hervor. Mit einem Sprung war ihr Rudolf zur Seite, bereit, sie mit seinem Leib und Leben zu schützen. Wie ein rasender Roland schien er sie nach allen Seiten zugleich verteidigen zu wollen. Da wurde Jakobine von einer Kugel getroffen. Sie wankte, und mit tappender Hand suchte sie nach einem Stützpunkt. Rudolf eilte ihr zu Hilfe, sein Arm umschlang die sinkende Prophetin oder Dämonin, und zwischen sie und die Angreifer gestellt, strengte er sich an, den Todesstreich von ihr abzuwehren. Krampfhaft hielten sich beide umschlungen. Ein Soldat fällte das Bajonett, und von dem Stoße durchbohrt stürzten beide zu Boden. Damit war das Trauerspiel zu Ende. Keiner von den 17 aus der Burg entwichenen Muckern war entkommen, alle waren gefallen und ihre Leichen lagen rings um die Hütten zerstreut. Unter ihnen war Jakobine, ihre Magd und zwei andere Frauen, die treu bis zum Ende bei ihr ausgehalten hatten. Ein nicht zur Sekte gehöriger Kolonist hatte bei diesem Kampf seine Eltern und fünf Geschwister verloren, die sämtlich Mucker gewesen waren. Die in den verschiedenen Kämpfen gefallenen Sektierer bildeten nur einen Teil der Gemeinde. Ein anderer, wahrscheinlich größerer Teil war schon vorher gefangen genommen worden, wurde aber zum Teil auf Grund richterlichen Spruches wieder entlassen. Nur 23 Personen wurden nach S. Leopold gebracht, wo ihnen der Prozess gemacht wurde, der sich jahrelang hinzog und mit einem Freispruch endete. Im Jahr 1883 wurden die restlichen Gefangenen freigelassen, die Epidemie war erloschen.

Die etwas ausführliche Wiedergabe dieser in Europa wenig bekannten, bis in die kleinsten Einzelheiten wahren Besessenheitsepidemie auf religiös-sexuell-hypnotischer Basis ist durchaus nicht als Einzelfall anzusehen. In Brasilien selbst spielten sich noch vor wenigen Jahren in einem anderen der Südstaaten und in Joazeiro (im Norden von Brasilien) zwei andere, sehr ähnliche Fälle ab, wie seinerzeit auch in Europa, wo der Einfluss des Klimas nicht zur Erklärung derartiger Psychopathien ausreicht. Akute und chronische Mordekstasen oder Besessenheitsepidemien lassen sich leider nur allzu zahlreich in der ganzen Menschheitsgeschichte nachweisen und werden wohl nie ganz verschwinden. Es möge an dieser Stelle davon abgesehen werden, noch andere Beispiele dieser Art anzuführen, und die Darstellung jenes Falles aus Brasilien mag genügen, um die Furchtbarkeit des suggestiven Einflusses einer an geeignetem Fluidum überreichen und von vampyrhaften, dämonischen Kräften besessenen Person zu beweisen. Die primitiven Völker aller Erdteile kannten und kennen seit langem die Besessenheit und führen sie auf böse Geister oder Dämonen zurück, die sich des Körpers eines Menschen (ausnahmsweise auch eines Tieres) bedienen, dessen Seele sie verdrängen oder in die Unmöglichkeit versetzen sich zu äußern, oft aber gezwungen werden können, dem Menschen zu dienen.

So berichtet beispielsweise bereits Dapper von Loango (Beschreibung von Afrika), dass Kranke, um die Mittel zu ihrer Genesung zu erfahren, die Hilfe eines „Enganga Mokisie" oder „Teufelsbanners" in Anspruch nehmen. Dieser beginnt seine Tätigkeit damit, dass er seine Verwandten und Nachbarn zusammenruft und mit deren Hilfe dem Patienten eine Hütte errichtet, in der dieser zwei Wochen vollkommen allein zu verweilen hat. Dabei darf er neun Tage lang nicht reden und ein besonderes Zeremoniell mit eigenartigen Apparaten ist ihm vorgeschrieben. Durch diese und andere Vorbereitungen, wie Trommeln, Tanzen und Gesang, wird der Kranke vom Teufelsbanner derart suggestiv bearbeitet, dass er „besessen" wird.

„Wan er besessen ist, dan siehet er erschröcklich aus, springet und gebährdet sich gantz abscheulich, schreyet unmenschlich, nimt glühende Kohlen in die Hände und beißet darein ohne schaden. Bisweilen wird er auch aus aller umstehenden Mitte unvermerckt vom Teuffel weggeführet in die Wüste nach einem einsamen Orte zu, da er sich selbsten rund um den Leib her mit grühnen Kraute bestecket und ‚zuweilen zwo oder drei Stunden, auch wohl zwo oder drey Tage bleibet".

Er wird dann von seinen Freunden mittels Trommelschlag aufgesucht, in sein Haus zurückgebracht, und „endlich fragt der Teuffelsbanner den Teuffel, der in den Besessenen, welcher als todt lieget, gefahren ist, was man ihm sol auferlegen? Darauf antwortet der Teuffel aus dem Munde des Besessenen und saget, was man tuhn sol. Dan beginnen sie wieder zu singen und zu tanzen, so lange bis der Teuffel wieder aus ihm fähret; nach dessen ausfahrt er vielmahls todtkranck ist. Hierauf wird ihm ein Ring an den Arm getahn, darbey er sich allzeit sich erinnere, was ihm auferleget sey".

Auf der Insel Madagaskar wurde die Besessenheit nach der Angabe de Flacourts (Histoire de la Grande Isle Madagascar) einem „„saccare" genannten Dämonen zugeschrieben. Dies ist ein böser Geist, der Männer, Frauen und Mädchen besessen macht und quält. Sie sehen ihn als feurigen Drachen herankommen (die Drachenform ist auch charakteristisch für viele der asiatischen Dämonen; ein asiatischer Einfluss ist auf Madagaskar nicht ganz unmöglich), der sie acht, zehn und vierzehn Tage besessen macht. Wenn sie dann besessen sind, gibt man ihnen einen Speer in die Hand, dann tanzen und springen sie beständig umher und nehmen gleichzeitig seltsame Stellungen an. Die Männer und Frauen scharen sich dabei um die oder den Besessenen, tanzen unter Trommelschall ebenfalls und nehmen die gleichen Stellungen ein, um, wie sie sagen, den Kranken Erleichterung zu verschaffen. Zuweilen bemächtigt sich dieser böse Geist mehrerer, mitunter sogar vieler Leute aus dieser Versammlung und macht sie besessen. Hauptsächlich kommt das gegen das Gebiet der Ampatres, Mahafales und Machicores, sowie in anderen Gegenden der Insel vor. Ähnliche Besessenheitsszenen sah ich mehrfach bei den sogenannten „candombles" der brasilianischen Eingeborenen, wo die Besessenheit gleichfalls künstlich hervorgerufen wird. Drehende Bewegungen und eintöniger Trommel- oder Raschellärm scheint sehr zu diesem Zustand beizutragen. Man erinnere sich nur der heulenden und tanzenden Derwische, die sich gleichfalls mit ähnlichen Mitteln in eine Ekstase versetzen, die eher eine Besessenheit zu nennen wäre.

Die Mittel gegen die Besessenheit, soweit sie nicht rein suggestiver Art sind, bestehen in blutigen Opfern. Die Madagassen opfern, ebenso wie die brasilianischen und afrikanischen Eingeborenen, Ochsen, Ziegen, Schafe und Hühner, um den Dämon („saccare") zu besänftigen.

Ein anderes Mittel zur Erzeugung eines ekstatischen, halb hellseherischen Zustandes besteht in Madagaskar in der Anwendung der sogenannten „Aulis" (Olis), einer Art Fetische, die in kleinen, mit Glasperlen und Krokodilzähnen verzierten Schachteln aufbewahrt und gleich lebenden Wesen durch Einreiben mit Fett und Honig genährt werden. Diese Fetische sind als eine Art Schutzgötter anzusehen, die ihren Besitzer überall hinbegleiten und als Ratgeber dienen. Durch ihre Vermittlung versetzt sich der Betreffende in eine Art Besessenheitszustand, der ihm in Traumbildern Ratschläge usw. erteilt.

Ehe ich dazu übergehe, näher auf den Vampyrismus und die in gewissem Sinne als Vampyre anzusehenden Inkuben und Sukkuben, einzugehen, soll ein anderes, nicht minder interessantes und eng mit der Dämonologie zusammenhängendes Thema behandelt werden.

Wir finden bei den primitiveren Völkern auch heute noch den felsenfesten Glauben an die Möglichkeit der Verwandlung von Menschen in Tiere, dämonische Wesen, selbst leblose Gegenstände. Dieser Glaube ist innig mit dem Glauben an Phantome, an Doppelgänger usw. überhaupt verbunden. So ersehen wir aus den Berichten spanischer Schriftsteller, dass es sich bei den Gespenster- und Verwandlungsgeschichten der Indianer Zentralamerikas und Mexikos um wirkliche, als durchaus wahr empfundene und beurteilte Phänomene handelt. (Sahagun, Historia general de las cosas de Nueva Espana).

Die Mehrzahl der nächtlicherweise die Eingeborenen beängstigenden Phantome waren „Tläcanexquimilli" genannte dämonenhafte Gestalten ohne Hände und Füße. Klagelaute ausstoßend, krochen sie am Boden umher. Dem Glauben der Indianer nach waren es die Gesandten „Tezcatlipucas", der dadurch denen, welchen sie erschienen, den nahen Tod, sei es durch Krankheit oder durch Kampf, kund tun wollte. Es kam vor, dass tapfere Männer mit diesen Gestalten der Finsternis zu ringen begannen, um ihnen eine Anzahl von „Maguey-Stacheln" abzutrotzen als Symbole der Anzahl von Feinden, die sie in der Schlacht besiegen würden. Ein anderes Gespenst war „Centlapachton" oder „Cuitlapaton" genannt und erschien in der Gestalt einer kleinen Frau mit langem Haar und entenartig watschelndem Gang. Auch dieser Dämon erschien nur, um Unglück oder Todesfälle anzusagen. Er zerfloss in der Luft, wenn man ihn angreifen wollte, und erschien knapp daneben von neuem. Eine dritte Erscheinung war ein Totenschädel, der nachts plötzlich einer einzelnen oder mehreren Personen zugleich erschien, ihnen an die Beine sprang oder klappernd hinter ihnen herkollerte. Wenn die erschrocken Fliehenden im Laufe innehielten, so stand auch das Gespenst still, wollte ein tapferer Mann es haschen, so flog es mit einem Satze anderswohin und ermüdete solange den Jäger, bis er es vorzog, die nutzlose Jagd einzustellen. Manchen erschien auch ein langausgestreckter, verhüllter Leichnam, der klagende und stöhnende Töne von sich gab. Diejenigen, die dieses auch im nördlichen Südamerika bekannte Gespenst zu packen versuchten, erwischten nichts als einen Klumpen Rasen oder Erde. Alle diese Erscheinungen wurden von den Indianern auf den Gott „Tezcatlipuca" zurückgeführt. Dieser selbst nahm oft die Gestalt eines wilden Hundes (Coyote) an und stellte sich den Reisenden in den Weg, um sie am Weitermarsch zu verhindern. Sie erkannten daraus, dass ihnen auf der weiteren Reise Unheil drohe und dass sie auf der Hut sein müssten. Ähnliche Erscheinungen sind in manchen asiatischen, hauptsächlich chinesischen und japanischen Sagen nachweisbar, wo ein Fuchs die Rolle des warnenden Geistes einnimmt. In Brasilien und Peru konnte ich gleichfalls derartige Erzählungen hören, wo eine Wildkatze oder ein Jaguar die Personen schreckt, um sie zu veranlassen ihren Weg zu ändern. Dabei sitzt oder steht das Tier mit leuchtenden Augen bewegungslos mitten auf dem Pfade, ohne dem Herannahenden zu weichen, was bei einem normalen Raubtier der Fall wäre, das entweder flieht oder aber aus dem Hinterhalt anfällt.

Die meisten der vorher erwähnten Gespenster oder Dämonen wurzeln in der religiösen Anschauung der Mexikaner oder Zentralamerikaner. Die Hauptgötter „Huitzilopuchtli" und „Tezcatlipuca" wurden als göttergewordene Heroen angesehen, die während ihres Lebens auf der Erde große Zauberer gewesen und als solche imstande waren, die Gestalt anderer Menschen und verschiedener Tiere anzunehmen, in der sie dem Volke erschienen. Außer den beiden vorgenannten trat auch noch ein „Tlacabepan" genannter Zauberer im alten Toltekenreiche auf. Titlacavan oder Tezcatlipuca besuchte in Gestalt eines kahlköpfigen Greises den Toltekenkönig Quetzalcoatl, den er mit dem Pulque (ein gegorenes und berauschendes Getränk aus der Agave hergestellt) bekannt machte. In der Gestalt eines ganz nackten Fremdlings machte er die Tochter des Fürsten Huemac liebeskrank und heiratete sie. Einmal veranstaltete er unter den Bewohnern der Toltekenstadt Tullan ein großartiges Tanzfest, und von seinem Gesange und seiner Musik berauscht, stürzten viele Tolteken in den Abgrund, wo sie sich in Steine verwandelten. In diesen kurzen Beispielen mexikanischer Sagen lassen sich verschiedene Geheimlehren nachweisen, die in symbolischer Form überliefert blieben, deren Auslegung hier aber zu weit führen würde, umso mehr als dies im Zusammenhang mit dem gesamten mexikanischen Götterglauben geschehen müsste, um verständlich zu sein.

Wenn Frauen an der ersten Niederkunft starben, wurden sie zu „Cihuapipiltin", die scharenweise die Luft durchschwärmten und den Lebenden erscheinen konnten, so oft sie wollten. Diese Geister kündeten aber auch nichts Gutes an und fügten besonders den Kindern Schaden zu, die sie entweder lähmten oder besessen machten. Da dies besonders an Kreuzwegen zu geschehen pflegte, wurden ihnen an diesen Stellen Opfer dargebracht. Es gab bestimmte Tage, an denen die „Cihuapipiltin" erschienen und an denen es den Kindern verboten wurde, das Haus zu verlassen, um ihre Zusammenkunft mit diesen unheilbringenden

Dämoninnen zu vermeiden.

Die Überzeugung, dass gewisse Gottheiten den Menschen in beliebiger Gestalt erscheinen konnten, veranlasste jedenfalls auch den Glauben und die Furcht, bei bestimmten Gelegenheiten durch göttliche oder dämonische Macht in Tiere verwandelt werden zu können. Die Zeremonie der Gewinnung des „neuen Feuers", die nach Ablauf jedes mexikanischen Zyklus von 52 Jahren stattfand, nimmt darauf Bezug. Bei diesem Feste wurden die alten Hausgötter, die drei Steine des Kochherdes und die „Metates" (Mahlsteine) ins Wasser geworfen und sämtliche Feuer ausgelöscht. Dann zogen die Priester, mit den Ornaten der Götter angetan, in langsamer, feierlicher Prozession nach Sonnenuntergang am Abende des Jahreswechsels nach dem zwei Stunden von Mexiko gelegenen Gebirge Huixachtlan. Um Mitternacht wurde hier das „neue Feuer" durch Drehen eines Holzstabes in einem Holzblocke gewonnen, der auf die Brust (Herzgrube) eines zum Opfer bestimmten Gefangenen gelegt war. Sowie das neue Feuer aufflammte und damit ein Holzstoß angezündet war, wurde dem Schlachtopfer in gewohnter Weise das Herz ausgeschnitten und ins Feuer geworfen, dem schließlich auch der Rest des Körpers überliefert wurde.

Während dieser feierlichen Zeremonie auf dem Berge Huixachtlan lebte das Volk in den Dörfern und Städten in großer Furcht, denn es glaubte, dass die Sonne nie mehr erscheinen und ewige Nacht die Welt bedecken würde, wenn es den Priestern nicht gelänge, das „neue Feuer" zu erhalten, da dann die furchtbaren Dämonen „Tzitzimitliz" durch die Finsternis auf die Erde herabkämen und die Menschen verzehren würden. Aus diesem Grunde wartete das Volk auf den flachen Dächern der Häuser, um das Aufflammen des „neuen Feuers" zu erwarten. Dabei mussten die Frauen gesegneten Leibes eine aus Magueyholz geschnitzte Maske tragen, denn man glaubte, sie würden beim Nichterscheinen des „neuen Lichtes" in reißende Tiere verwandelt werden und alle Männer und Frauen auffressen. Den Kindern wurde gleichfalls eine derartige Maske vor das Gesicht gebunden und man vermied ihr Einschlafen, damit sie nicht während des Schlafes in Mäuse verwandelt würden. Bemerkenswert ist, dass beim Aufflackern des Feuers auf dem geheiligten Berge das Volk gleichfalls ein Blutopfer darbrachte, welches darin bestand, dass man sich durch Einschnitte in die Ohrläppchen Blut entzog, um es den Göttern, besser Dämonen, zu weihen. Eine feierliche Priesterprozession brachte das „neue Feuer" in die Stadt zurück, wo es vom Tempel des Huitzilopochtli aus den einzelnen Haushaltungen und umliegenden Ortschaften mitgeteilt wurde.

Der Glaube an Dämonen, die Tiergestalt annehmen und dann nächtlicherweise die Menschen, besonders im Schlafe, quälen, findet sich bei den amerikanischen Völkern weit verbreitet. Die gleicht Fähigkeit des „Sichverwandelns" besitzen auch verschiedene Zauberer, „brujos, hechiceros" usw. genannt. Der Pfarrer Gage führt in seiner „Reisebeschreibung nach Neu-Spanien" diesbezüglich einen eigenartigen Fall an, den ich hier kurz wiedergeben will. Zwei in der Gegend gefürchtete „brujos" lebten in tödlicher Feindschaft. Als sie sich einmal im Gebirge trafen, verwandelten sich beide in wilde Tiere, der eine in einen Jaguar, der andere in einen Puma. Beide Tiere bekämpften sich ingrimmig, wobei aber der schwächere Puma unterlag, nachdem er von dem Jaguar derart zugerichtet worden war, dass er nach seiner „Rückverwandlung", zu der er noch die Kraft hatte, sterben musste. Zeugen hatten die beiden kämpfenden Tiere gesehen, die plötzlich vor ihren Augen verschwanden – an deren Stelle aber die beiden „brujos" auseinandergegangen seien. Der von den Schlägen und Bissen des andern übel Zugerichtete musste sich zu Hause zu Bett legen und starb nach zwei Tagen. Der Überlebende wurde verhaftet. Die in Gegenwart des Pfarrers Gage vorgenommene Totenschau stellte tatsächlich an dem Körper des verstorbenen „brujos" zahlreiche Schlag-, Kratz-, Biss- und sonstige Wunden fest. Der überlebende Zauberer, ein Indianer, wurde daraufhin nochmals eingehend vor Zeugen vernommen, und da er sich nicht genügend rechtfertigen konnte, zum Tode durch den Strang verurteilt.

Zahlreiche ähnliche Fälle, wo der in ein Tier verwandelte Mensch verwundet wurde und sich nachher dieselbe Wunde an der entsprechenden Stelle des menschlichen Körpers wiederfand, lassen sich in den Überlieferungen und Erzählungen fast aller Völker nachweisen. Papus, der bekannte französische Okkultist, der während des Krieges starb und dessen Werke zum Teil auch ins Deutsche übersetzt wurden, führt unter anderem einen Fall an, wo in Frankreich ein Offizier mit seinem Säbel den in einen wütenden Hund verwandelten Hexer derart verwundete, dass dieser nach der Rückverwandlung daran starb. In meinem Artikel über „Lykanthropie" konnte ich einen ähnlichen, ganz modernen Fall anführen.

Die Indianer Guatemalas glauben gleichfalls an die Möglichkeit der Verwandlung von Menschen in Affen, reißende Tiere, Schlangen, Raubvögel usw. Der gleichen Ansicht begegnen wir bei den meisten südamerikanischen und afrikanischen Volksstämmen. Der mythische

Mayahäuptling Gucumatz, ein großer Zauberer (Initierter), befand sich jeden siebenten Tag abwechslungsweise im „Himmel" oder in der „Unterwelt". An jedem dieser Tage verwandelte er sich einmal in einen Geier, dann wieder in eine Schlange, in einen Jaguar oder selbst in Blut. In Brasilien hörte ich von einem Manne, der es verstand durch eine außergewöhnliche starke Suggestion derart zu wirken, dass alle Anwesenden, ohne Ausnahme, ihn z. B. einmal mit grässlich durchschnittenem Hals auf einem Stuhl in einem Barbierladen sitzen sahen. Das Blut spritzte in dickem Strahle auf die Erde und beschmutzte selbst die Kleider einiger Leute. Man rief rasch die Rettungsgesellschaft herbei. Als diese an Ort und Stelle ankam, erhob sich der eigenartige Witzbold lächelnd von seinem Stuhle. Das Blut war verschwunden und von einer Wunde an dem Halse des Mannes keine Spur zu sehen. Er wollte, wie er nachher aussagte, sich nur einen Spaß machen, um das verdutzte Gesicht des Barbiers zu sehen, der glaubte, seinem Kunden versehentlich den Hals durchschnitten zu haben. Dieser gewiss nicht gewöhnliche Vorfall wurde mir von einem Augenzeugen erzählt, der ein hoher Regierungsbeamter ist und im übrigen nicht an okkulte Phänomene glaubt.

Der bekannte englische Afrikaforscher Livingstone erzählt („Narrative"), dass sich die „Ma-kololo" nach Wunsch in Tiere verwandeln können. Ein derart befähigter Mensch wird „Pondoro" genannt. Von einem solchen, den Livingstone in einem Dorfe der Kebrabasahügel traf, hörte er, dass er mitunter Löwengestalt annehme und dann tagelang, mitunter einen ganzen Monat, in den Wäldern lebe, wo sein Weib ihm eine Hütte gebaut hatte und ihn mit Nahrung versah. Kein Mensch, außer der Frau des „Pondoros", durfte diese Hütte betreten oder auch nur in ihrer Nähe weilen. Dieser Fähigkeit, sich in einen Löwen zu verwandeln, bediente sich der schwarze Hexer auch manchmal, um zum Besten seines Dorfes zu jagen. Wenn das Weib des „Pondoros" den zurückkehrenden Löwen „roch", dann trug es ihm eine bestimmte Arznei in den Wald hinaus, die den verwandelten Mann instand setzte, seine Menschengestalt wiederzugewinnen. Dabei musste sich die Frau aber beeilen, um nicht von dem Löwen selbst gesehen zu werden, der sie wahrscheinlich getötet haben würde. Wenn der „Pondoro" sich wieder in die menschliche Gestalt zurückverwandelt hatte, kehrte er in das Dorf zurück und forderte die Bewohner auf, die von ihm als Löwe erlegte Beute, gewöhnlich eine Antilope oder einen Büffel, heimzuholen.

Die Ma-kololo und andere Kaffern, wie die Xosa usw. (auch verschiedene Indianerstämme Südamerikas und asiatische Völker) sind überzeugt, dass nicht nur die bösen Dämonen, sondern auch die Geister der Verstorbenen sich in Tiere verwandeln. Wenn diese Tiere blutdürstig sind, dann nähern sie sich bei Nacht den schlafenden Menschen, um wie Vampyre deren Lebenskraft auszusaugen.

Hier ist der Zusammenhang des Glaubens der „Tierverwandlung" mit dem des „Vampyrismus", auf den ich im weiteren Verlaufe dieser Studie noch ausführlicher zurückkommen werde, klar erkenntlich. In den verschiedenen Mythologien finden wir zahlreiche Hinweise auf diese merkwürdigen Verwandlungen von Menschen oder Geistern in Tiere. Sind aber derartige Metamorphosen mehr als suggestive Vorstellungen? Kann der „Doppelgänger" des Menschen unter gewissen Bedingungen eine von der menschlichen verschiedene Gestalt annehmen? Ich persönlich glaube es bejahen zu können, wenn auch derartige Verwandlungen nur sehr selten real sein dürften. Man darf aber nicht vergessen, dass von der reinen Suggestion zur Realisation nur ein Schritt ist – allerdings, und glücklicherweise, ein sehr schwieriger. Der Einheitsgedanke ist Schaffungsgedanke, und unter günstigen Bedingungen organischer oder biologischer Natur – wenn der menschliche Foetus, der bis zu seinem Reifwerden verschiedene zoologische Formen durchläuft, von einer derselben unter uns noch unbekannten Umständen einen stärkeren Eindruck erhalten hat –, kann eine Transformation des Doppelgängers oder Astralleibes in eine dieser animalischen Zwischengestalten ganz besonders erleichtert werden. Die Mehrzahl der Fälle aber, wo z. B. Besessene glauben Tiere zu sein, ist auf eine Suggestionswirkung zurückzuführen, die fremden oder im eigenen Ich liegenden Ursprungs sein kann. Ein derartiges Beispiel gibt uns die Besessenheitsepidemie der Nonnen des Klosters von Carnbrai, wo diese glaubten, durch teuflischen Einfluss in Tiere verwandelt zu sein und zu bellen, zu miauen, herumzurennen, auf die Bäume zu klettern begannen und sich in wilden Zuckungen auf dem Boden wälzten. Da der vom Papst angeordnete Exorzismus erfolglos blieb, wurden die besessenen Nonnen gerichtlich verurteilt und auf dem Scheiterhaufen verbrannt.

Hecker teilt uns in seinem Werk über die Tanzwut mit, dass die Abessinier scharf ausgeprägte zoomorphische Ansichten besitzen.

„Die Eisenarbeiter und Töpfer bilden bei den Abessiniern eine kastenartige Zunft, in Tigre Tebbib, in Amhara Buda genannt, die in einer gewissen Verachtung steht und von der Abendmahlsfeier ausgeschlossen ist, weil man von ihnen glaubt, sie könnten sich in Hyänen und andere reißende Tiere verwandeln, weshalb sie von jedermann gefürchtet und mit Grauen betrachtet werden. Sie wissen aber diesen Aberglauben mit großer Schlauheit zu unterhalten, weil er sie durch Absonderung in ihrem einträglichen Gewerbe schützt, und während sie übrigens gute Christen sind, scheinen sie keinen großen Wert auf ihre Exkommunikation zu legen. Als Abzeichen tragen sie einen goldenen Ohrring, den man sehr häufig in den Ohren erlegter Hyänen findet, ohne dass man jemals hätte entdecken können, wie sie diese Tiere einfangen, um sie mit dem seltsamen Schmuck zu versehen, der alle Zweifel an der unheimlichen Natur der Schmiede und Töpfer vernichtet".

Es ist dies jedenfalls höchst merkwürdig.

Werwölfe, Wertiger usw., Vampyre, Sukkuben und Inkuben lassen sich m. E. auf ein und dieselbe Ursache zurückführen, wenn dies auch auf den ersten Blick befremdend anmuten mag. Bedenkt man aber, dass bei all diesen Erscheinungen das gewaltsame Erlangen fremder Vitalität die Hauptrolle spielt, mögen dieselben auf einer bewussten oder unbewussten Persönlichkeitsspaltung mit Austritt des Astralkörpers beruhen, dessen Plastizität die Verschiedenheit der auftretenden, mehr oder minder veränderten materialisierten Formen erklärt, oder durch wahre dämonische Intelligenzen verursacht sein, so wird man meiner Anschauung beipflichten können. Bei der Zooanthropie spielt die Verwandlung des ausgetretenen Astralkörpers in blutdürstige oder fleischfressende Tiere die Hauptrolle. Der verwandelte, vampyrhaft veranlagte Mensch sucht eine Steigerung der eigenen Vitalität, ein Verlängern des rein vegetativen Lebens durch Aufnahme der im Blute seines Opfers enthaltenen Lebenskraft zu erlangen.

Die Anthropophagie beruht sicherlich auch auf vampyrhaftem Drang.

Die Marokkaner glauben, dass die „Sefaf in dem" (Blutsauger) oder Vampyre hauptsächlich Sklaven des Stammes der Nyam-Nyam sind, die tatsächlich auch heute noch der Menschenfresserei nicht abgeneigt sind. Man erkennt sie an den spitz zugefeilten Zähnen und den eigenartig glänzenden Augen. Die Marokkaner erzählen, dass derartige Individuen ihr Opfer oft durch den bloßen Blick bewusstlos machen und ohne Berührung deren Blut, d. h. wohl die in diesem enthaltene Lebenskraft, ausziehen. Wenn dieser Akt öfters vor sich geht, kann man wahrnehmen, wie der „Sefaf in dem" kräftiger und strotzender wird, während das Opfer dahinsiecht.

Man kann auch bei den zivilisierten Völkern einen unbewussten Vampyrismus feststellen. Oft sieht man ständig zusammenlebende Personen, von denen die eine in dem Maße kräftiger und blühender wird, als die andere abnimmt und in gewissem Sinne vertrocknet. Besonders in Instituten, Schulen, Pensionaten oder Kasernen mit gemeinsamen Schlafsälen und bei Eheleuten tritt dieses Phänomen häufig auf. Die Aufnahme der Lebenskraft der derart vampyrisierten Person geschieht dabei hauptsächlich während des Schlafes durch eine Art magnetischen Rapports. Der echte Vampyr von dem Typus des in dem außergewöhnlich faszinierenden Vampyrroman „Dracula" von Bram Stoker (Verlag Max Altmann, Leipzig) geschilderten saugt nächtlicherweise das Blut seiner Opfer, um den Verfall seines „Leichnams", der unverwest und lebensfrisch im Grabe ruht, zu verhüten.

Bei allen Völkern findet man den Glauben an derartige Vampyre. Besonders zahlreich lassen sie sich heute noch in den Balkanländern nachweisen. Aber auch die asiatischen, amerikanischen und afrikanischen Völker haben ihre Vampyre. Marokkaner z. B. haben mir mitgeteilt, dass die „Sefaf in dem" auch nächtlicherweise ihren Körper verlassen, um in der Dunkelheit auf die Suche nach frischem Blut zu gehen. Vor Sonnenaufgang kehrt der Vampyr in seinen Körper zurück. Wenn man in seine Haut Salz bringt, dann muss der Vampyr in dem Augenblick, in dem er sich mit seinem Körper vereinigt, sterben. Über die Wirkung des Salzes auf Vampyre usw. haben auch die zentral- und südamerikanischen Eingeborenen ganz identische Vorstellungen. In Nordafrika glaubt man, dass die Geister der gewaltsam ums Leben gebrachten Personen oft Vampyre werden. Um dies zu verhindern, häuft man an den Stellen, wo ein Mord begangen wurde, Steine auf. Den gleichen Gebrauch findet man auch auf Korsika. Die afrikanischen Juden graben den Boden auf, um jede Spur gewaltsam vergossenen Blutes zu entfernen, da von diesen Stellen Dämonen angezogen werden, die den Menschen Schaden zufügen können. Die Araber Ägyptens verfahren in gleicher Weise. In den Balkanländern kann ein im Grabe liegender Vampyr nur vernichtet werden, wenn man ihm einen Holzpfahl durch das Herz treibt oder den ganzen Leichnam verbrennt.

Einer meiner Verwandten, der vor dem Kriege Regimentskommandant in Transsylvanien war, hat als Mitglied einer behördlichen Untersuchungskommission der Ausgrabung des Leichnams eines als Vampyr verdächtigten Mannes beigewohnt, wobei konstatiert wurde, dass der seit über drei Monaten im Sarge liegende Körper durchaus lebensfrisch aussah. Als der der Ausgrabung beiwohnende Regimentsarzt den sogenannten „Herzstich" ausführte, drang flüssiges rotes Blut aus der Wunde. Die

Bewohner des Ortes, die durch ihre Klagen die Untersuchung veranlasst hatten, blieben von diesem Moment an unbelästigt, und die unheimliche Sterblichkeit unter der dortigen Jugend, deren Ursache von den Ärzten übrigens nicht festgestellt werden konnte, hatte ihr Ende genommen. Handelt es sich bei derartigen Phänomenen, die zahlreich und einwandfrei behördlicherseits festgestellt wurden, mitunter um Menschen, die scheintot begraben wurden, deren Konstitution das Aussenden und ganze oder teilweise Materialisieren des Astralkörpers erleichtert und denen eine vampyrhafte Veranlagung es gestattet, sich das kostbare rote Lebenselement anderer Menschen anzueignen? Gibt es dämonenhafte Wesen, die sich eines menschlichen Körpers bedienen, um ein mehr oder minder lang andauerndes Leben in unserer Sinneswelt führen zu können? Sowohl die Annahme der einen als der andern Möglichkeit würde eine genügende Erklärung der meisten Vampyrphänomene zulassen.

Bei den Sukkuben und Inkuben, an deren Existenz ebenfalls nicht gezweifelt werden kann, was später gezeigt werden soll, handelt es sich im Prinzip auch um die Erlangung fremder Lebenskraft durch die Absorption der den Opfern entzogenen wertvollsten Körpersäfte. Außerdem erleichtern die bei den Verbindungen mit Sukkuben und Inkuben orgastischen Zustände das Freiwerden bedeutender Mengen fluidischer Kraft, die von den geheimnisvollen Partnern mit Gier aufgenommen wird und deren Verlust für die gebenden Individuen von geradezu verheerenden physischen und psychischen Folgen ist.

Im Jahre 1909 hatte ich in Graz Gelegenheit, im Kreise einiger Studienfreunde und Okkultisten, denen auch der bekannte Schriftsteller G. W. Surya angehörte, eine Reihe der merkwürdigsten Phänomene zu erleben, die z. T. auch den Vampyrismus betreffen. Die von Dr. Franz Hartmann auf Veranlassung von Herrn Surya mitgeteilte Tatsache („Eine authentische Vampyrgeschichte" in der „Neuen Metaphysischen Rundschau", Heft 6, Bd. 17, 1910) habe ich mit Herrn Surya zusammen erlebt. Dr. Hartmann, der sich damals in Meran befand, verlegte aus Gründen persönlicher und politischer Natur die Affäre in die Karpathen, um sie mit einem andern Fall zu verknüpfen, der sich in einem Schlosse in der Nähe von Hermannstadt abspielte und vom „Neuen Wiener Journal" am 10. Juni 1909 mitgeteilt wurde.

Da dieser selbsterlebte Fall von Vampyrismus sich durch einige ganz ungewöhnliche Vorkommnisse auszeichnet, teile ich ihn in der Hartmann´schen Fassung auszugsweise mit. Vorausgeschickt sei, dass das in dem Bericht erwähnte Bild sich noch heute im Besitz meines in Graz lebenden Freundes, des Oberfinanzrates Dr. E. G., befindet, der von Dr. Hartmann mit Dr. E. bezeichnet wird: „Die Möbel hatten nichts Merkwürdiges an sich, aber in einer der alten Hallen hing ein Ölgemälde in einem Rahmen, ein Porträt, das eine Dame mit einem großen Hut und in einem Pelzmantel darstellte. Wir alle stutzten unwillkürlich, als wir dieses Bild erblickten, nicht so sehr wegen der Schönheit der Dame, sondern mehr wegen eines unheimlichen Ausdrucks ihrer Augen, und Dr. E., nachdem er das Bild kurze Zeit lang betrachtet hatte, rief plötzlich aus: „Wie seltsam! Dieses Bild schließt die Augen und öffnet sie wieder, und nun beginnt es zu lächeln!"

Dr. E. ist eine sehr sensitive Person und hat mehr als einmal Erfahrungen im Spiritismus gemacht. (Unsere Gruppe gab sich damals Versuchen mit Tischrücken, automatischem Schreiben, Materialisationssitzungen usw. hin. Wir beschlossen also (G. W. Surya, Dr. E. G. und ich), einen Zirkel zum Zweck der Untersuchung dieses Phänomens zu bilden. Deshalb setzten wir uns noch am selben Abend rund um einen kleinen Tisch im anstoßenden Zimmer nieder und bildeten mit unseren Händen eine magnetische Kette. Bald begann der Tisch sich zu bewegen und der Name „Elga" wurde buchstabiert. (Hier muss ich einen merkwürdigen Umstand erwähnen. Einige Zeit vorher war ich durch ein am Grazer Stadttheater aufgeführtes Stück von G. Hauptmann: „Elga", nach einer Erzählung Grillparzers, ganz besonders beeindruckt worden. Hatte der Name Elga, den der Tisch buchstabierte, irgend einen kausalen Zusammenhang mit dem Eindruck, den das Stück Hauptmanns auf mich gemacht hatte? Ich hatte bei unseren Versuchen Dr. E. des öfteren hypnotisch beeinflusst. Haben die medianimen Fähigkeiten Dr. E.´s durch den in meinem Unterbewusstsein existierenden Elgakomplex irgend eine bestimmt gerichtete Beeinflussung erhalten?) Wir fragten, wer diese Elga sei, und es wurde die Antwort herausgeklopft: „Die Dame, deren Bild Sie gesehen haben".

„Lebt diese Dame noch?", fragte Herr W. Diese Frage wurde nicht beantwortet, statt dessen klopfte es: „Wenn W. es verlangt, will ich ihm heute Nacht zwei Uhr, körperlich erscheinen".

W. stimmte zu, und nun schien der Tisch wie mit Leben begabt und äußerte eine große Zuneigung für W.; er erhob sich auf zwei Beinen und presste sich gegen dessen Brust, als wolle er ihn umarmen. Wir fragten den Kastellan (ich verweise auf die eingangs erfolgte Erklärung), wen das Bild darstelle, aber zu unserer Überraschung wusste er es nicht. Er sagte, es sei die Kopie eines Gemäldes des berühmten Wiener Malers Hans Makart (dies ist Tatsache) und von dem alten Grafen gekauft, weil ihm sein dämonisches Aussehen so sehr gefiel. Wir verließen das Schloss und W. kehrte zu seinem Zimmer in einem Gasthaus, etwa eine halbe Stunde Wegs von dem Platze entfernt, zurück. Er war etwas skeptischen Sinnes, weder ein ernst Gläubiger an Geister und Erscheinungen, noch geneigt deren Möglichkeit zu leugnen. Er war nicht furchtsam, sondern sehr begierig zu erfahren, was aus dieser Zusage werden würde, und um sich wach zu halten, setzte er sich nieder und schrieb einen Artikel für eine Zeitung.

Gegen 2 Uhr hörte W. Schritte auf der Treppe und die Korridortür öffnete sich. Es war das Rauschen eines Seidenkleides und Tritte von den Füßen einer Dame, die in der Halle hin und her ging, vernehmbar. Man kann sich vorstellen, dass er etwas erschreckt war, er nahm aber seinen Mut zusammen und sagte: „Wenn das Elga ist, so soll sie hereinkommen". Dann öffnete sich die Tür und Elga trat ein. Sie war höchst elegant gekleidet und schien jugendlicher und verführerischer als auf dem Bilde. Auf der anderen Seite des Tisches, an welcher W. schrieb, postierte sie sich stillschweigend. Sie sprach nicht, aber ihre Blicke und Gesten ließen keinen Zweifel über ihre Wünsche und Absichten. Herr W. widerstand der Versuchung und blieb fest. Man weiß nicht, ob er es aus Prinzip, aus Schüchternheit oder Furcht blieb. Sei es wie es wolle, er schrieb weiter, sah von Zeit zu Zeit nach seiner Besucherin hinüber mit dem Wunsche, dass sie ihn verlassen möge. Schließlich nach Verlauf einer halben Stunde, die ihm viel länger erschien, entfernte sich die Dame auf dieselbe Weise wie sie gekommen war.

Das Abenteuer ließ W. keinen Frieden und wir arrangierten infolgedessen mehrere Sitzungen in dem alten Schloss, wo eine Menge unheimlicher Phänomene stattfanden. So war z. B. einmal ein Dienstmädchen im Begriff Feuer im Ofen anzuzünden, als sich die Zimmertür öffnete und Elga dastand. Das Mädchen war vor Schrecken außer sich, lief aus dem Zimmer, fiel im Entsetzen die Treppe hinunter, mit der Petroleumlampe in der Hand, welche zerbrach und beinahe seine Kleider in Brand setzte. Brennende Lampen und Kerzen gingen aus, wenn sie dem Bild nahe gebracht wurden, und viele andere Manifestationen kamen vor, die zu beschreiben zu ermüdend sein würde. Aber der folgende Vorgang darf nicht übergangen werden.

Herr W. war zu jener Zeit eifrig bestrebt, die Stellung eines Mitherausgebers einer gewissen Zeitung zu erhalten, und einige Tage nach dem oben erwähnten Abenteuer, empfing er einen Brief, in welchem ihm eine vornehme Dame in hoher Stellung für diesen Zweck ihre Gönnerschaft anbot. Die Schreiberin ersuchte ihn, am selben Abend an einen gewissen Ort zu kommen, wo er einen Herrn treffen würde, von welchem er nähere Einzelheiten erfahren würde. Er ging und traf einen Unbekannten, der ihm sagte, dass er von der Gräfin Elga aufgefordert worden sei, Herrn W. zu einer Wagenfahrt einzuladen, und dass sie ihn um Mitternacht an einer bestimmten Wegkreuzung, nicht weit vom Dorfe, erwarten würde. Darauf verschwand der Fremde plötzlich.

Es scheint nun, dass Herr W. einige Ahnungen über die Begegnung und Wagenfahrt hatte (verschiedene „direkte" Schriften, die noch heute bei Dr. E. G. aufbewahrt sind und an mich gerichtet waren, versuchten mir mitunter Selbstmord zu suggerieren, um mich mit Elga in der Unendlichkeit zu vereinigen usw.) und er sicherte sich einen Schutzmann als Detektiv, der zur Mitternacht zum angewiesenen Platz ging, um zu sehen, was sich ereignen würde. Der Schutzmann ging dorthin und berichtete am nächsten Morgen, dass er nichts weiter gesehen habe als die wohlbekannte altmodische Kutsche aus dem Schloss mit zwei schwarzen Pferden bespannt, die dastand, als ob sie auf jemand warte, und dass er keine Gelegenheit hatte, dazwischen zu treten und nur abwartete, bis der Wagen sich entfernte. Als der Schlosskastellan gefragt wurde, schwor er, dass die Kutsche nicht bei Nacht herausgekommen sei, und in der Tat konnte sie auch nicht draußen gewesen sein, da es ja keine Pferde zum Ziehen gab.

Aber das ist nicht alles, denn am folgenden Tag begegnete ich (es spricht Herr Surya, der Dr. Hartmann die ganze Begebenheit berichtete) einem Freund, der ein großer Skeptiker und Ungläubiger in Geisterdingen ist und immer über solche Sachen zu lachen pflegte. Jetzt schien er jedoch sehr ernsthaft zu sein und sagte: „Letzte Nacht ist mir etwas sehr Seltsames passiert. Etwa gegen ein Uhr morgens kehrte ich von einem späten Besuch zurück, und als ich über den Friedhof des Dorfes ging (es handelt sich in Wirklichkeit um den St. Leonhardsfriedhof bei Graz), sah ich einen Wagen mit goldenem Zierrat vor dem Eingang stehen. Ich wunderte mich, dass das zu einer so ungewöhnlichen Stunde geschah, und da ich neugierig war zu sehen, was vor sich gehen würde, wartete ich. Zwei elegant gekleidete Frauen entstiegen der Kutsche. Eine derselben war jung und hübsch, warf mir aber einen teuflischen, zornerfüllten Blick zu, als sie beide vorübergingen und den Kirchhof betraten. Dort begegneten sie einem gut gekleideten Herrn, welcher die Damen begrüßte und zu der jüngeren sagte:

„Aber Fräulein Elga! Warum kehren Sie so bald zurück?" Es kam ein so seltsames Gefühl über mich, dass ich plötzlich davon lief und nach Hause eilte.

Diese Angelegenheit ist nicht aufgeklärt worden, aber gewisse Experimente, die wir mit dem Bilde machten, brachten einige merkwürdige Tatsachen heraus. (Es ist immer Herr Surya, der berichtet.) Wenn ich das Bild bestimmte Zeit ansah, so erzeugte dies bei mir eine sehr unangenehme Empfindung in der Region des Sonnengeflechtes. Ich fing an, eine Abneigung gegen das Porträt zu empfinden und schlug vor es zu zerstören. Wir hielten eine Sitzung (es nahmen daran außer den drei vorerwähnten Personen noch zwei Brüder, Studenten der Medizin, teil, die beide ausgezeichnete Medien waren, mit denen wir Levitationen bei helllichtem Tag, Materialisationen, Apporte usw. erhielten) im anstoßenden Zimmer ab. Der Tisch äußerte eine große Abneigung gegen meine Gegenwart. Es wurde geklopft, dass ich den Kreis verlassen solle und dass das Bild nicht zerstört werden dürfe. Ich bestellte, dass man eine Bibel bringe, und las den Anfang des ersten Kapitels St. Johannes, worauf der oben erwähnte Dr. E. (das Medium) und ein anderer anwesender Herr (der jüngere der beiden Brüder R., der das stärkere Medium war) behaupteten, sie sähen, wie sich das Gesicht des Bildes verzerrte. Ich kehrte den Rahmen um, stach mit meinem Federmesser an verschiedenen Stellen in die Rückwand des Bildes, und Dr. E. sowohl wie der andere Herr behaupteten, alle diese Stiche zu fühlen (es bestand also ein magnetischer Rapport zwischen dem Bilde und den Medien), obwohl sie sich in den Korridor zurückgezogen hatten. Ich machte das Zeichen des Pentagramms über dem Bilde, und wiederum behaupteten die zwei Herren, dass das Bild schrecklich das Gesicht verziehe. Bald darauf wurden wir abgerufen und verließen das Land. Von Elga hörte ich nichts mehr".

Soweit der Hauptteil des Berichtes, den Herr Surya an Dr. Hartmann gesandt hatte. Als einer der Hauptbeteiligten kann ich mich für die absolute Wahrheit der Tatsachen verbürgen und will, ohne die rätselhafte Angelegenheit, die mir bis heute einen tiefen Eindruck hinterlassen hat, erklären zu können, einige Zusätze mitteilen, die vielleicht zur Lösung der rätselhaften Probleme etwas beitragen.

Es kam des Öfteren vor, dass die Sitzungsteilnehmer vor Eintritt in den Raum, in welchem an einer Seitenwand über einem Klavier das Bild hing, starken Lärm darin hörten. Einmal wollte ich als erster die Tür öffnen, war aber außerstande es zu tun, denn eine ungewöhnlich große Kraft, die ich beinahe elastisch nennen möchte, verhinderte dies. Wir stemmten uns zu drei gegen die Tür, ich hielt die Klinke heruntergedrückt, und es gelang uns nur mitunter einen zwei bis drei Zentimeter breiten Spalt freizubekommen. Es war, als ob eine stärkere Person von innen die Tür zuhielt. Ich machte das Pentagramm auf der Tür, und sofort ließ der Widerstand total nach, so dass wir in das Zimmer purzelten. Dabei sah der jüngere R. im Dämmer des Spätnachmittags einen undefinierbaren Schatten rasch zum Bilde huschen. Oft bewegte sich das Bild mit dem schweren Rahmen pendelnd an der Wand hin und her, wenn wir uns in der Nähe befanden. Nie jedoch sah ich irgendeine Veränderung oder Bewegung des Bildes, wenn ich ganz allein dabei war. Im Hause meines Freundes Dr. E., wo sich dieser Spuk abspielte, kam es mitunter in der Nacht zu einem derartigen Lärm in der Küche, dass die ganze Familie davon erwachte und glaubte, das Geschirr sei in tausend Stücke zerschlagen. Wenn man nachsah, war alles an seinem Platze. Öfter wurde an der Flurklingel mit einer ungemeinen Heftigkeit geläutet. Meistenteils fiel dies mit dem einige Minuten nachher stattfindenden Kommen eines der beiden Brüder R. oder mir zusammen. Im ganzen Hause, vom Eingang bis zum dritten Stockwerk, wo mein Freund wohnte, waren an den Treppenwänden, und zwar an Stellen, die ohne Leiter unzugänglich waren, kleine Pentagramme, wie ich sie zu machen pflegte, und der Name Elga in lateinischen Buchstaben zu sehen. (Es sei bemerkt, dass ich seit den untersten Schulklassen nur immer in lateinischen Schriftzeichen schreibe).

Einmal hatte mir Elga durch direkte Schrift (Medium R.), wobei alle Anwesenden im Dämmerlicht den Bleistift allein auf dem Papiere schreiben sahen, versprochen, mir zuhause, in meinem Schlafzimmer, einen Besuch zu machen, und zwar zwischen 1 und 2 Uhr nachts. Tatsächlich fühlte ich in der angegebenen Zeit einen kalten Luftzug von der Wand her, an der mein Bett stand, und der daran hängende Wandteppich wurde wie von einem aus der Wand kommenden starken Luftstoß aufgebauscht und gegen mich gedrückt. Ich sah jedoch keine Erscheinung. In den meisten Sitzungen, die wir abhielten, sah man eine ganz kleine, beinahe mädchenhafte Hand, die mehrere der Sitzungsteilnehmer, besonders mich, berührte und streichelte. Mitunter war diese Hand kühl und feucht, mitunter warm und lebendig. Die meisten Mitteilungen Elgas waren an mich gerichtet und oft sehr poetischen oder philosophischen Inhalts. Wie bereits erwähnt, versuchte Elga mich zum Selbstmord zu verleiten, um mit ihr vereinigt zu sein. Sie hatte auch versprochen, in Sitzungen ganz zu erscheinen und sich fotografieren zu lassen, aber leider wurde daraus nichts, denn ich musste mit meinem Vater nach Dalmatien reisen, von wo aus ich nach Absolvierung meines Militärjahres nach Südamerika ging, so dass der ganze Zirkel zerfiel (Elga hatte mich als Leiter verlangt).

Bei dieser Gelegenheit sei noch ein interessantes Experiment mitgeteilt, das ich mit dem jüngeren R. verabredet hatte, ehe ich nach Dalmatien reiste. R. war ein Medium, das ich mit Leichtigkeit aussenden konnte. Es gelang sogar dabei, physische Fernwirkungen zu erzielen. Ich hatte dies meinem Vater mitgeteilt, der aber daran zweifelte, weil er wegen meiner großen Jugend vermutete, dass ich durch meine Begeisterung für die okkulten Probleme nicht kritisch genug sei und der Autosuggestion unterworfen sein könnte. Das verabredete Experiment war das folgende: R. sollte an einem bestimmten Tage, an dem ich mit meinem Vater schon in Gravosa sein würde, versuchen, des Abends das elektrische Licht in unseren Schlafzimmern auszuschalten (ohne die Lokalität zu kennen). Ich hatte dies meinem Vater mitgeteilt, der aber an dem Erfolg zweifelte. R. machte aber etwas noch Besseres. In dem Hotel, in dem wir uns befanden, war die gesamte Lichtleitung nicht nur an das Stadtnetz angeschlossen, sondern auch an eine besondere, im Keller untergebrachte Akkumulatorenbatterie, um im Falle einer Panne der Stadtleitung nicht ohne Licht zu sein. Tatsächlich erlosch, als ich bei meinem Vater im Zimmer war, plötzlich das Licht. Zunächst kam uns gar nicht der Gedanke an das Experiment. Als aber die Finsternis längere Zeit andauerte, fiel uns die Verabredung ein. Tatsächlich erzählte uns später der Hotelbesitzer, dass er nicht begreifen könne, wieso das Licht ausgegangen sei, da doch die Stadtleitung normal funktionierte und er bei dem Umschalten auf die Akkumulatoren auch kein Licht erhielt. Nach einigen Minuten brannte das Licht plötzlich wieder. Ich schrieb an meinen Freund R. und bat um Aufklärung. Mein Brief kreuzte sich mit einem Schreiben von ihm, in dem er mitteilte, dass er an dem bewussten Abend an den auszuführenden Versuch dachte und plötzlich darüber einschlief. Er hatte traumhaft, aber sehr deutlich die Empfindung, einen großen elektrischen Schalter in der Hand zu haben, den er bewegte mit dem Wunsche, dass das Licht ausgehen soll. Der Versuch war glänzend gelungen.

Öfters wie man glauben möchte, findet man das Sukkubat und Inkubat auch in modernster Zeit. Dass die Persönlichkeitsspaltung dabei in den allermeisten Fällen die entscheidende Rolle spielt, scheint mir festzustehen, wenn gleichfalls die Möglichkeit nicht von der Hand zu weisen ist, dass

Elementarwesen (Dämonen) in mehr oder weniger materialisierter Form sich den Menschen zu nähern vermögen.

Der berüchtigte Hexenhammer von Sprenger und Institoris lässt sich über die „Buhlteufel" folgendermaßen aus: „Was sich bei Schlafenden bezüglich der Erscheinungen von Träumen (durch Bewegung) der Geister ereignet, d. h., der im Aufbewahrungsorte aufgespeicherten Gestalten, und zwar durch natürliche körperliche Bewegung, wegen der Bewegung des Blutes und der Säfte nach jenen Hauptpunkten, d. h., nach den inneren sensitiven Kräften hin, und zwar sprechen wir von einer örtlichen inneren Bewegung im Kopfe und den Zellen des Kopfes. Dies kann auch infolge einer ähnlichen durch die Dämonen bewirkten örtlichen Bewegung geschehen und nicht nur bei Schlafenden, sondern auch bei Wachenden, in denen die Dämonen die inneren Geister und Säfte bewegen und erregen können, so dass die in den Aufbewahrungsorten aufgespeicherten Gestalten aus den Schatz-kammern zu den sensitiven Hauptsitzen, d. h. zu jenen Kräften, nämlich der Einbildungskraft und Phantasie, herausgeführt werden, so dass solche sich irgendwelche Dinge einzubilden hat. Und es ist kein Wunder, dass der Dämon das durch seine natürliche Kraft vermag, wenn jedweder Mensch, wenn er wacht und im Gebrauch der Vernunft ist, durch freiwillige Erregung der aufgespeicherten Gestalten durch sich selbst heraufführen kann, so dass er sich nach Wunsch irgendwelche Dinge vorstellt. Steht das fest, so ist auch die Sache mit dem Liebeswahne klar. Denn, weil jemand schon von Ähnlichkeit jemandes mit der geliebten Person, und so auch der Hassende, deshalb stacheln die Dämonen, welche durch die Handlungen der Menschen erfahren, welchen Leidenschaften sie mehr ergeben sind, sie zu so ungewöhnlicher Liebe oder Hass an, indem sie um so stärker und wirksamer das, was sie erstreben, in ihre Einbildung einprägen, je leichter sie das können. Aber sie können es um so leichter, je leichter auch der Liebende die aufgespeicherte Gestalt zum Sitze des Fühlens, d. h. zur Vorstellung herausführt, und je entzückter er bei der Betrachtung jener verweilt".

Und an anderer Stelle heißt es: „Aber es ist zu bedenken, dass bisweilen manche Frauen in Wahrheit nicht vom Inkubus beunruhigt werden, sondern nur glauben, sie würden so beunruhigt, und zwar geschieht dies vorzüglich den Frauen und nicht den Männern, da sie auch sonst furchtsam und für die Vorstellung wundersamer Bilder empfänglich sind. Daher sagt Guilelmus: „Vieles von phantastischen Erscheinungen geschieht infolge der Melancholie bei vielen, und am meisten bei den Frauen, wie es sich bei

Visionen und Enthüllungen zeigt. Der Grund dabei ist, wie die Ärzte wissen, die Natur der weiblichen Seelen selbst, darum dass sie weit leichter und feiner Eindrücken zugänglich sind als die männlichen Seelen". Er fügt hinzu: „Ich weiß, dass ich eine Frau gesehen habe, welche glaubte vom Teufel von innen erkannt zu werden, und sagte, sie fühle derartiges Unglaubliches". Auch scheinen ihm die Frauen niemals von den Inkubi schwanger zu werden; ihre Bäuche schwellen gewaltig an, und wenn die Zeit der Niederkunft herangekommen ist, schwellen sie unter bloßer Ausstoßung vieler Windigkeit ab". Viel wurde über die Möglichkeit einer Schwängerung durch Inkuben geschrieben und die meisten Kirchenväter erkennen die Möglichkeit einer solchen an. Allerdings sei es nötig, dass zuvor der Inkubus die Rolle eines Sukkuben gespielt habe, damit eine Übertragung zeugungsfähigen Samens möglich wäre.

Bei vielen spiritistischen Sitzungen werden Materialisationen erzeugt, die in bedenklicher Weise „Buhlteufeln" ähneln. Es sei an dieser Stelle ein derartiges, charakteristisches Beispiel angeführt. Der kaiserlich russische Kammerherr Konstantin von Bodisko beschreibt in seinem Werk „Psychische Untersuchungen" (Leipzig 1892) Materialisationssitzungen, bei denen unter anderem der Geist der verstorbenen Indianerin Minnehaha (Heldin des Gedichtes „Hiawatha" von Longfellow) dem Kammerherrn nicht nur Liebeserklärungen machte, sondern sich ihm in noch viel eindeutig zärtlicherer Weise näherte.

Gmelin erwähnt in Band I seiner „Beiträge zur Anthropologie" einen sehr interessanten Fall von sexueller Besessenheit, bei dem Persönlichkeitsspaltung auftrat und der aus diesem Grunde auch hier einzureihen ist. Eine Deutsche hatte tagtäglich Anfälle von Bewusstseinsveränderung, in denen sie sich als französische Emigrantin fühlte. Verursacht war ihr Leiden durch eine unglückliche Liebe, die sie einem in die damalige französische Revolution verwickelten jungen Mann entgegenbrachte. Dieser junge Mann war eines Tages verschwunden, was die Dame derart aufregte, dass sie schwer erkrankte. Nachdem das mit Delirium verbundene Fieber gewichen war, schien sie genesen zu sein, doch machte sie täglich die erwähnte Metamorphose durch. Zur Zeit des Anfalles brach sie die Unterhaltung ab, ließ an sie gerichtete Fragen unbeantwortet und blieb einige Minuten still sitzen, die Augen starr auf den Teppich gerichtet. Nach Verlauf dieser Zeit begann sie zu seufzen, strich sich wie ein aus einem Traume Erwachender über Augen und Stirn und fing schließlich an, von ihrer Flucht aus Frankreich zu erzählen. Sie sprach in diesem Zustande besseres

Französisch als sonst, das Deutsche hingegen radebrechte sie mit falschem Akzent, wenn sie veranlasst wurde, deutsch zu lesen oder zu schreiben. Ein bemerkenswertes Erlebnis mit Bezug auf das Inkubat hatte die Witwe eines berühmten Pariser Magnetiseurs. Sie erzählte einem Mitarbeiter des „Temps", dass sie ihren Gatten sehr geliebt habe, und fügte geheimnisvoll hinzu, dass sie noch 6 Monate nach dem Tode des Gatten verheiratet geblieben sei. Der Mann habe sie jede Nacht besucht, und sie sei langsam gestorben, denn er habe sie gerufen. In einer Nacht habe sie zu ihm gesagt: „Gib mir einen Beweis, dass du es wirklich bist".

„Ich werde dir diesen Beweis morgen um Mitternacht geben", habe er geantwortet. Und er sei um die bestimmte Stunde gekommen, aber nicht wie sonst durch die Tür, sondern durch die Wand. Er habe sie gebissen, sie habe laut aufgeschrien, und die Bisswunde an ihrer Schulter sei noch tagelang zu sehen gewesen. Sie sei dann immer kränker und siecher geworden. Um den vampyrhaften Einfluss des toten Mannes zu vernichten, habe ein kundiger Magnetiseur schließlich dem unersättlichen Inkubus einen astralen Doppelgänger der Gattin gegeben; seit dieser Zeit erst sei sie richtig Witwe und werde von dem eifersüchtigen Toten nicht mehr belästigt. Derartige Fälle mögen dem Uneingeweihten lächerlich oder absurd erscheinen, doch weiß der in den okkulten Wissenschaften Bewanderte, dass solche Vorkommnisse durchaus real sind und zu hunderten aufgeführt werden können. Es würde an dieser Stelle zu weit führen, eine eingehende Erklärung derartiger Phänomene zu geben, bei denen sich in ganz eigenartiger Weise Besessenheit, Autosuggestion, Persönlichkeitsspaltung, Vampyrismus und dämonenhafte Einflüsse gleichzeitig geltend machen können.

Über sein richtiges Liebesverhältnis zu einem Sukkubus berichtet ausführlich Christian Reimers in den „Psychischen Studien" (Jahrgänge 1874-1879 und 1884). Dieser geradezu romanhaft klingende, aber nichtsdestoweniger durchaus wahre Fall nahm ein dramatisches Ende und zeigt deutlich die Gefahren einer gewissen Art von spiritistischen Sitzungen, gegen die nicht genug angekämpft werden kann. Reimers war gezwungen, sich den übertriebenen sexuellen Ansprüchen des Sukkuben „Bertie" durch eine Ortsveränderung zu entziehen, und ging nach Australien. Während der überfahrt hatte Reimers vor der astralen Geliebten Ruhe. Aber bald nach seiner Ankunft erschien Bertie wieder und machte mehr denn je ihre Ansprüche geltend. Erst durch seinen bald nach der Übersiedlung nach Australien erfolgten Tod wurde der bedauernswerte

Mann von dem gefährlichen Sukkubusvampyr befreit.

Schließlich sei noch auf einen ziemlich analogen Fall hingewiesen, der den Schriftsteller Otto de Joux betrifft, welcher unter anderem mehrere die „hellenische Liebe" behandelnde Arbeiten verfasst hat. De Joux befasste sich auch viel mit Experimentalspiritismus und hatte einen Kontrollgeist, mit dem er in intimster Beziehung stand. Auch dieser Fall hatte ein trauriges Ende, denn Otto de Joux starb an Gehirnerweichung.

Im weiteren Studien sollen verschiedene der in dieser Aufsatzreihe angeschnittenen Probleme einzeln behandelt werden. Dieselben werden in noch eindringlicherer Weise zeigen, dass selbst in der aufgeklärten Gegenwart die mittelalterlich anmutende Welt der Dämonen, Sukkuben, Inkuben und Vampyre mit der unsrigen bemerkbar in Verbindung steht.

Das goldene Blatt der Weisheit
Seila Orienta/Franz Bardon

Zum ersten Mal in der okkulten Literatur wird die 4. Tarotkarte des Hermes Trismegistos verständlich beschrieben und offengelegt. Sie beinhaltet unbekannte Konzentrations- und Meditationsübungen. Des Weiteren gibt sie Hinweise und erklärt die Unterschiede zwischen Magie und Mystik und Gefahren des einseitigen Weges. Am Ende steht die Verbindung mit der universellen Gottheit, dem Herrn der Sonnensphäre, welcher quabbalistisch „Metatron" genannt wird.

*

5. Tarotkarte – Mysterien des Steins der Weisen
Seila Orienta/Franz Bardon

Dieses Buch stellt die Vorderseite der Alchemie dar, die die einzelnen praktischen Übungsschritte erklärt, ohne die verschlüsselten Mystifikationen der alten Alchemisten auch nur annähernd zu erwähnen, wie man es aus den anderen Büchern des Franz Bardon kennt. Es wird erklärt, dass ohne vollkommene Beherrschung der 4 Elemente keine Alchemie möglich ist. Des Weiteren wird mit den einzelnen Ebenen, mit den Matrizen, dem elektromagnetischen Fluid usw. gearbeitet. Doch der Hauptpunkt stellen die göttlichen Eigenschaften wie z. B. die Allmacht dar, mit denen der Göttliche Stein der Weisen durch gewisse Übungen geladen wird.

*

Talismanologie und Mantramkunde
Seila Orienta/Franz Bardon

Zum ersten Mal werden hier (magisch) geladene Mantrams – Gebetssätze – preisgegeben, welche bei nötiger Reife, Ausgeglichenheit und Reinheit durchdringende Erfolge versprechen. Mantrams sind ja nach Bardon nicht irgendwelche „Suggestionssätze", sondern sie sind Ideenausdrücke, mit denen man mit Mächten, Kräften, Eigenschaften, also Gottheiten, in Verbindung kommen kann. Gleichzeitig werden die dazugehörigen Siegelzeichen der göttlichen Ideen preisgegeben, welche im rituellen

Zusammenhang mit den Mantrams stehen. Ein Buch, dass nicht nur die Hermetiker, sondern auch die Anhänger der Yogawissenschaften inspirieren wird!

*

Eine Sammlung der schönsten und lehrreichsten Beschwörungsgeschichten
Hohenstätten

Dieses Buch ist einzigartig, denn es zeigt den zweiten Band von Franz Bardon an Hand von interessanten Evokationsberichten, die genau das bestätigen, was Bardon in seinem Buch geschrieben hat, und noch darüber hinaus. Es werden sensationelle Erlebnisse geschildert, die man sonst niemals findet. Auch aus unveröffentlichten Schriften wird zitiert.

*

Verkörperungen des Meister Arion
Hohenstätten

Man wird beim Lesen dieses Buches nicht glauben, wie viele bekannte und unbekannte Inkarnationen Franz Bardon hatte. Die paar, die im „Frabato" bekannt gegeben wurden, stellen nur einen geringen Teil seiner Verkörperungen dar. Wir mussten, da es dermaßen wenig Literatur über die Verkörperungen gab, wieder hunderte und aberhunderte von Büchern, Aufsätzen, Zeitschriften und Artikeln durcharbeiten, bis wir genügend Material für dieses Buch hatten. Aber der Leser wird sich beim Lesen sicherlich über unsere Arbeit freuen, denn sie wird ihn in Erstaunen versetzen!

*

Shamballa, der goldene Tempel des Lichts
Hohenstätten

Dieser Tempel dürfte jeden Leser von Bardons Roman „Frabato" fasziniert haben. Dass es aber in der okkulten Literatur noch viel mehr Informationen darüber gibt, die man aber nur findet, wenn man alles Veröffentlichte gelesen hat, dürfte dem einen oder anderen unbekannt sein. Es wurden wieder ganze Stöße von Büchern durchgesehen und das Ergebnis wird hier veröffentlicht. Es wird aber gleichzeitig darauf hingewiesen, wie viel Schundliteratur es darüber gibt, wie viel Lügen im Umlauf sind, damit sich der Schüler der Hermetik ein klares Bild machen kann. Wir bringen in

115

diesem Buch alles, was wir an Material darüber gefunden haben und es wird auch noch einiges aus der eigenen Erfahrung, was das Wertvollste ist, mitgeteilt. Nicht nur über den Tempel wird berichtet, sondern auch über die damit verbundene „Bruderschaft des Lichts", dessen Sitz er darstellt.

*

Auf der Suche nach Meister Arion
Hohenstätten

Diese Autobiographie eines Schüler der Hermetik des Franz Bardon schildert sein magische Leben, in welcher zahlreiche Erfahrungen zu den Übungen aus dem Adepten geschildert werden, die die Hauptperson selbst erlebt hat. Es wird der schwere Weg des Adepten aus autobiographischer Sicht gezeigt, seine vielen Tiefschläge, aber auch seine glanzvollen Seiten und Zeiten. Der harte Kampf mit dem Seelenspiegel wird bis in alle Einzelheiten aufgezeigt, genauso wie die vielen anderen Wege, in welche der Autor reinschnupperte, um dadurch reichlich Erfahrung sammeln zu können. Darüber hinaus enthält es unzählige Erfahrungen und Berichte betreffs Mantramistik nach Bardon, die wahre Runenmagie, zahlreiche Evokationen sowie Invokationen mit seinem Lehrer Anion, einen magischen Exorzismus, wie er bisher noch nie öffentlich geschildert wurde. Mentalreisen, Beeinflussungen, Übungen zur Gottverbundenheit, Erscheinungen, Alchemie, Heilungen mit den verschiedensten magischen Methoden z. B. Quabbalah oder durch die Elemente, Schutzgeistevokationen und viele andere magische „Wunder" seines Freundes und Lehrers Anion. Auch einige magische Fotos in Farbe, ein bisher von Bardon unveröffentlichtes Akashafoto von Christus und ein Bild des schwebenden Meister Arion werden in diesem Buch preisgegeben. Der Inhalt ist viel reichlicher, als hier kurz beschrieben werden kann.

*

Magisches Gleichgewicht
Hohenstätten

Dieses Buch zeigt eindeutig, dass in allen anderen Systemen das „Gleichgewicht" genauso gebraucht wird, wie bei Bardons Werken. Er war nicht der Einzige, der das erwähnte, aber er war der erste, welche es deutlich erklärte, denn die anderen Systeme sprachen nur durch das Symbol, welches nicht jedem Leser verständlich war. Obendrein bringen wir noch Unveröffentlichtes vom Meister Arion zu dieser Grundlage der magischen Entwicklung.

*

Das Leben und die Erfahrungen eines wahren Hermetikers
Seila Orienta

Diese Autobiographie eines Magiers ist unübertroffen, denn bis jetzt hat kein einziger, okkult Geschulter, so offen und ehrlich gesprochen wie Seila Orienta. Er gibt in diesem Werk sein Leben bekannt, sowie seine zahlreichen und äußerst interessanten Erlebnisse und Erfahrungen. Es werden auch zum ersten Mal Fotos von Wesen der Sphären gezeigt, welche Franz Bardon höchstpersönlich in den 20ern gemacht hat. Des Weiteren schreibt Seila Orienta über die Sphären, über Dämonen, Logenkontakte und vieles, vieles mehr, was einem ehrlich strebenden Hermetiker das Herz übergehen lassen wird.

*

Das Leben des Franz Bardon
Hohenstätten

Dieses Buch beschreibt das Leben des Meisters außerhalb des Frabatos, welches seine Sekretärin – Otti V. – geschrieben hat. Es beinhaltet Erklärungen zu seiner „Biografie", weitere Einzelheiten über den Kampf mit der FOGC, seine Beziehung zu Wilhelm Quintscher und anderen Okkultisten, was alles bisher unbekannt war! Des Weiteren werden viele Erlebnisse seiner Schüler in Prag erzählt, verschiedene magische Leistungen und interessante Geschichten Bardons beschrieben, die bis dato unveröffentlicht sind. Es werden auch seine drei Lehrwerke und deren Wirkung auf die Öffentlichkeit von einem anderen, unbekannten Standpunkt geschildert, welcher durch bisher schwer zugänglichen Schriften unterstützt wird. Als Krönung wird seine aus dem tschechischen übersetzte „Runenschrift" zum ersten Mal veröffentlicht. Auch einige Seiten aus anderen unveröffentlichten Schriften von ihm sowie interessante Fotos des Meister Bardon und seiner Freunde werden hier preisgegeben und vieles, vieles mehr.

*

In Verbindung mit der Gottheit
Hohenstätten

Über das Thema der Gottverbundenheit mit all seinen Formen und

Methoden wurde bis heute noch nie ein Buch verfasst geschweige denn eine Schrift geschrieben. Man findet in der okkulten wie in der östlichen Literatur nur spärliche Hinweise, die größtenteils verschlüsselt sind oder so geschrieben wurden, dass man sie kaum versteht. Im Gegensatz dazu wird in diesem Buch offen dargelegt, dass das 1. kleine Arkanum der 78 Tarotkarten die Gottverbundenheit in ihrer Reinform darstellt.

*

Hermetische Heilmethoden
Hohenstätten

Dieses Buch stellt in der okkulten Literatur ein absolutes Unikum dar, denn über die Gesamtheit der okkulten Heilmethoden wurde bis jetzt noch NIE etwas Sinnvolles geschrieben. Es werden alle Heilmethoden erwähnt, die der hermetische Schüler mit Hilfe seiner bisher erlangten Konzentrationsfähigkeit ausüben und verwenden kann.

*

Erste hermetische Zeitschrift

„Der hermetische Bund teilt mit" ist eine der wenigen magisch-mystischen Zeitschriften, welche sich soweit als möglich auf die universelle Lehre von Franz Bardon bezieht. Sie versucht sich an die Gesetze des 4-poligen Magneten zu halten und vermittelt Wissen sowie Hinweise für die Praxis, damit der Leser die Möglichkeit hat, sie in seinen hermetischen Weg aufzunehmen und für sich gewinnbringend zu verarbeiten.

Noch viel mehr hermetische Literatur finden Sie auf unserer Website: http://www.hermetischer-bund.com.

Viel Vergnügen beim Stöbern!

Der Verlag